MANAGEMENT × DESIGN

経営とデザインのかけ算

企業を進化させる
「デザイン思考」と「ブランディング」

尾﨑美穂
デザイン経営コンサルタント
ブランディングディレクター

合同フォレスト

はじめに

ビジネスリーダーの皆さまにとって、「経営」と「デザイン」という言葉の掛け合わせはピンとこないかもしれません。

デザインといいますと、ファッションや広告、あるいは会社のロゴやお菓子のパッケージなどカタチのあるモノを思い浮かべる方もいるでしょう。それを「狭義のデザイン」と定義づけるとすると、経営に生かすデザインは、経営戦略までも視野に入れた「広い意味のデザイン」です。

新時代の経営手法としてデザインが注目されています。どのような動きがあるのか、４つの事例をご紹介します。

①企業がデザイン力に着目

２０１０年以降、コンサルティングファームやＩＴ企業、金融機関などによるデザイン会社の買収や資本提携が加速しています。各社がすでに持っている力にデザインを加えることで、その相乗効果を最大化させ付加価値をつけようという動きです。

デザイン会社の買収や資本提携を行っている企業には、マッキンゼー・アンド・カンパニー、アクセンチュア、グーグル、フェイスブック、アドビシステムズなどがあります。

日本では、博報堂が「デザインシンキング（デザイン思考）」で世界的に知られているデザインコンサルティング企業ＩＤＥＯ（アイディオ）に出資したことが有名です。

②企業経営における新しい問題解決法を推奨

経済産業省が「クリエイティブで飛躍する企業経営『第４次産業革命クリエイティブ研究会』調査報告会（２０１７年３月９日）」を公表しました。

図：技術の進歩

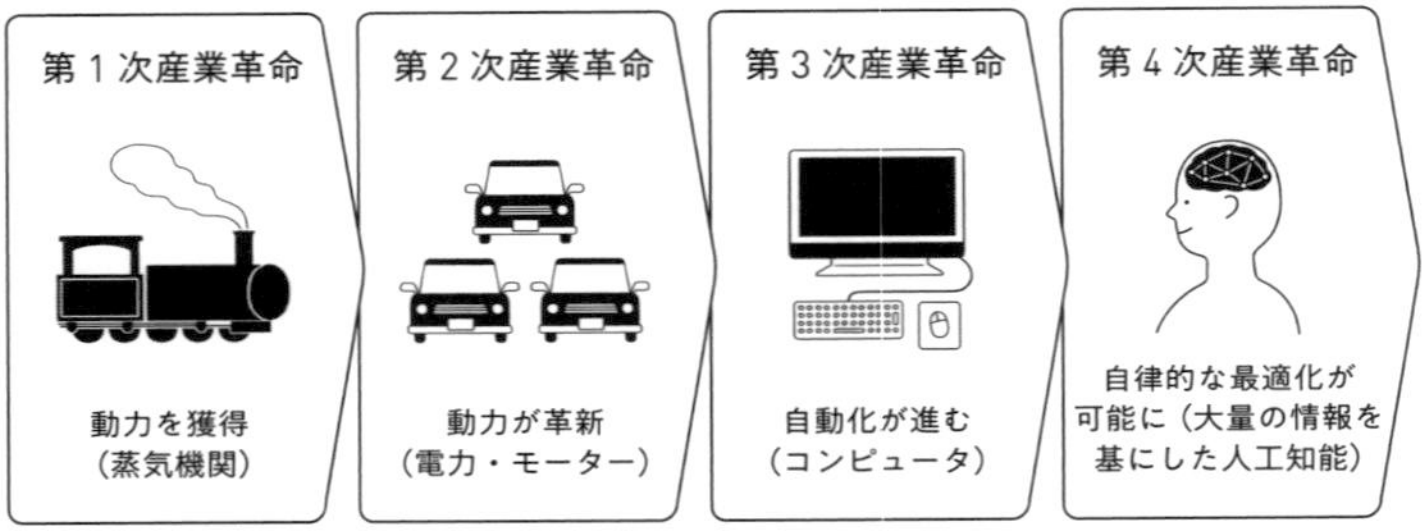

出典：「クリエイティブで飛躍する企業経営」（経済産業省）より著者改変

第4次産業革命（IoT、AI、ビッグデータが作る技術革新）が起こり、情報に大きな価値が置かれる「情報社会（Society4.0）」に移り変わったことにより、産業の垣根がなくなりました（図参照）。現在の市場を一変させるようなビジネスが生み出される時代において、「デザインシンキングやクリエイティビティーを用いた課題の解決や、UX（ユーザー体験）を重視したユーザー視点での問題解決が重要」と、経済産業省の報告書は説明しています。

③人材育成にも
アートとデザインの力を重要視

２０１８年６月５日に報告された、大臣懇談会の「Society5.0 に向けた人材育成」では、情報社会の次にくる「超スマート社会（Society5.0）」に対応できる人材育成方法について語られています。その思考の基盤として「STEAM（スティーム）教育」を推奨しています。

「STEAM教育」は、2000年代はじめにシリコンバレーを中心に実施されていた「STEM（ステム）教育」が元になっており、Sは「科学（Science）」、Tは「技術（Technology）」Eは「工学（Engineering）」Mは「数学（Mathematics）」の頭文字です。

最近では、「アート（Arts）」のAが加わり「STEAM教育」となり、世界的に着目されています。教育機関では今、アートやデザインが重要視されているのです。

④産業競争力を上げるための「『デザイン経営』宣言」が公表

経済産業省と特許庁は、デザインと産業競争力との関係を議論することを目的として、2017年に有識者ら（デザイナーや経営コンサルタント、学者など）を集め、「産業競争力とデザインを考える研究会」を発足し、11回の議論を重ねてきました。

その結果を、２０１８年5月23日「『デザイン経営』宣言」として公表しました。世界の有力企業は、戦略の中心に「デザイン」を据えている一方で、日本の経営者は、デザインが有効な経営手段であるということを認識しておらず、グローバル競争環境での弱みとなっています。そんな中で日本の企業もデザインを重要視し、経営に取り入れていくべきということを説いています。

本書では、デザインが企業で世界的に必要とされている現状を考察しながら、皆さまの会社でデザインを経営に取り入れるための具体的な手法について解説します。

私自身も小さな会社を経営しています。かつて私が社員として働いていたときに会社は経営難に陥り、閉鎖が目前でした。

しかし、デザインの力を活用した経営を行うことで、3年でV字回復を叶《かな》えました。V字回復を遂げるまでは、改革にやりがいを感じながらも、目の前にある売上の低迷した状態や様々な困難に大きな不安もありました。

経営課題を持たれる中小企業の経営者や、経営意識の高い次世代を担うビジネスリーダーの皆さまに、このとき行った改革の手法をお伝えして少しでもお役に立ちたく、筆を執りました。

他にもアートディレクターやデザイナーなどのクリエイターの皆さまにも、経営を知ることによって、クリエイティブの才能を大いに発揮していただきたいと考えております。

本書が皆さまのお役に立てることを心から祈っております。

本書の一覧

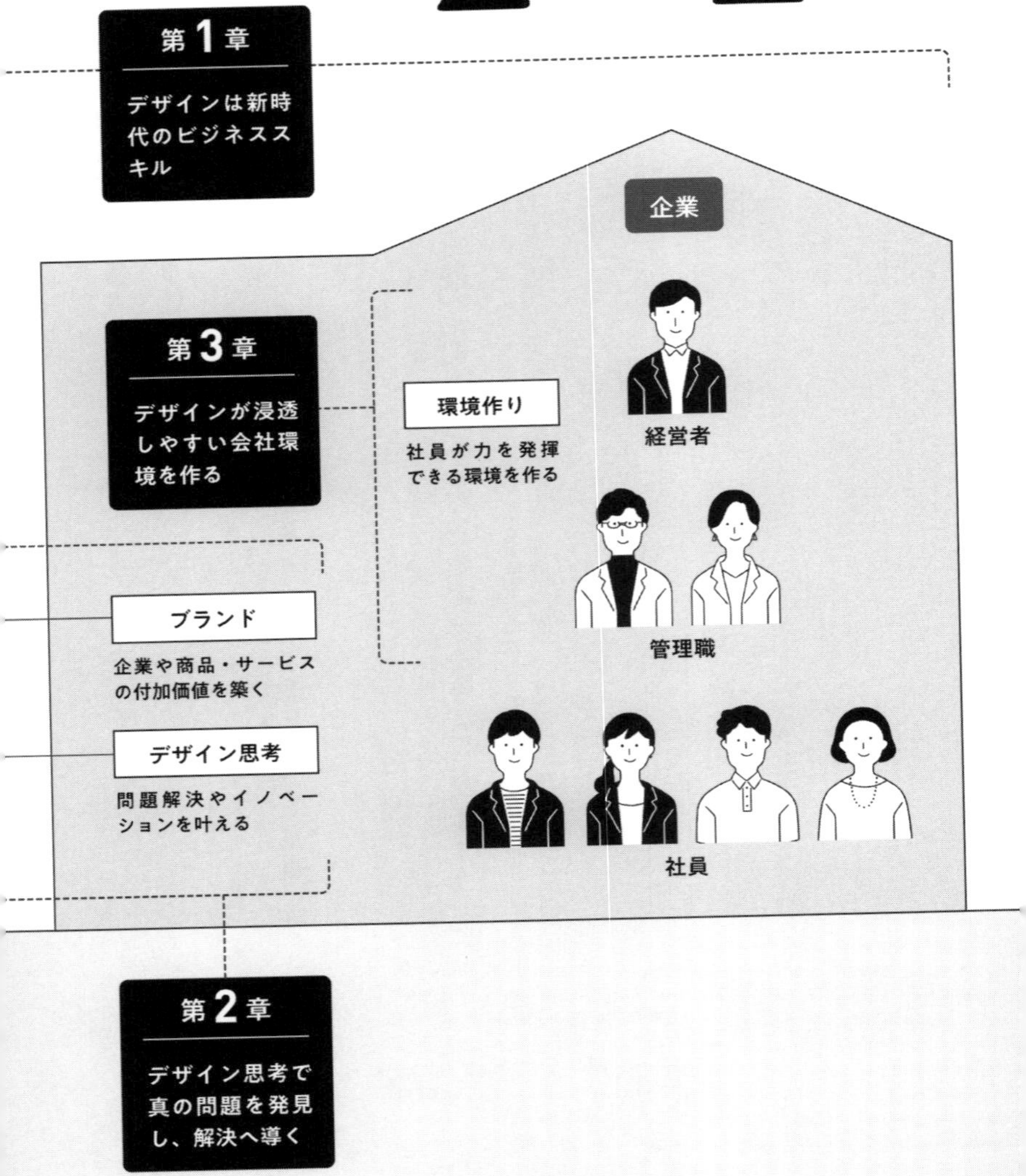
第1章
デザインは新時代のビジネススキル
企業
経営者
管理職
社員
第3章
デザインが浸透しやすい会社環境を作る
環境作り
社員が力を発揮できる環境を作る
ブランド
企業や商品・サービスの付加価値を築く
デザイン思考
問題解決やイノベーションを叶える
第2章
デザイン思考で真の問題を発見し、解決へ導く

第5章
ブランドを育て、守り、進化させる8つのSTEP

第4章
ブランディングで価値を築き、選ばれる会社へ

Summary
デザインはこれからの時代に立ち向かう力

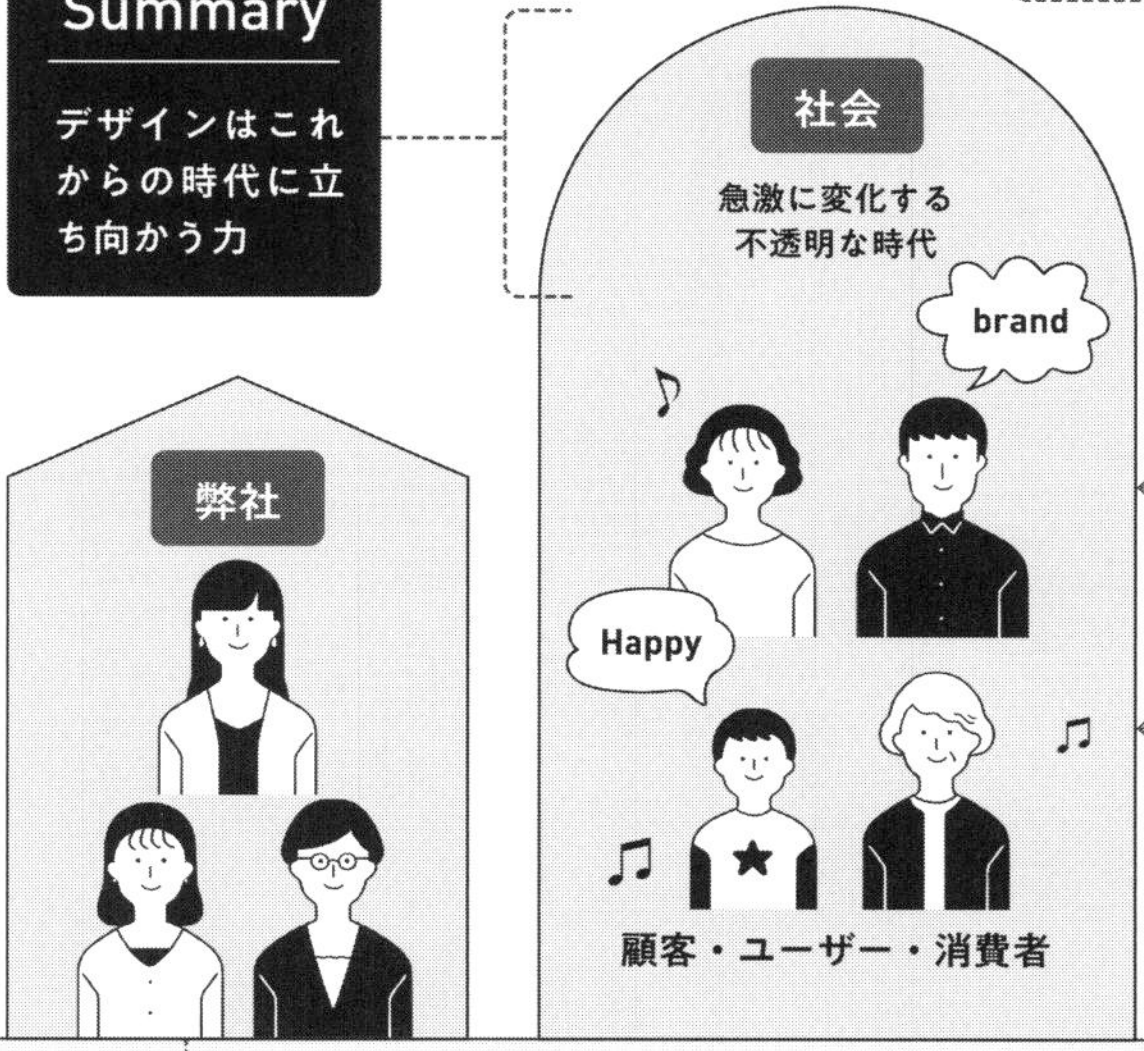

ブランディング

顧客の頭の中に企業や商品・サービスの価値を定着させる

ユーザーが求める以上の商品・サービスを提供する

Column
My Story
デザイン経営への道

［本書での使い分け］

顧客	ひいきにしてくれるお客さま。 購入経験がない見込み客も含みます。
ユーザー	サービスや商品を使用している人を指します。 特にWEBサービスなどで多く使われます。
消費者	自社の顧客かどうかを問わず 商品・サービスを消費する人を広く指します。

第2章

デザイン思考で真の問題を発見し、解決へ導く

第3章 デザインが浸透しやすい会社環境を作る

第4章

ブランディングで価値を築き、選ばれる会社へ

第5章

ブランドを育て、守り、進化させる8つのSTEP

summary

デザインはこれからの時代に立ち向かう力

第1章

デザインは新時代のビジネススキル

1　予測不能な時代に求められる経営手法

近年「経営に生かすデザイン」という言葉が書籍やニュース、ネットの記事などで見られるようになってきました。

しかし、「デザイン」というワードには、装飾的でクリエイティブな印象があるため、なかなか「経営」とは結びつかないという方が多いと思います。

まずは「デザインを経営に」と注目された3つの時代背景と、デザインの意味について見ていきましょう。

●時代背景１：ＶＵＣＡ時代の到来

現代は、第4次産業革命（人工知能やビッグデータを用いた技術革新）が起こり、豊かな社会への期待も高まる一方で、不安を隠しきれないＶＵＣＡ（ブーカ）時代ともいわれています。

図1-1：VUCAとは予測不能な状態を示す単語の頭文字を取った造語

VUCAとは以下の単語の頭文字を取って作られた造語で、それぞれこのような意味があります（図1－1参照）。

- Volatility：変動性（変化が激しい状態）
- Uncertainty：不確実性（おぼろげで先行きが見えにくい状態）
- Complexity：複雑性（様々な要素が複雑に絡み合っている状態）
- Ambiguity：曖昧性（ものごとの関連性が曖昧な状態）

VUCAは、1990年代後半にアメリカで「予測不能な状態」を表した軍事用語として生まれました。世界経済のグローバル化が急速に進み、市場が急激な変化を遂げる中で、2010年代以降はビジネスの世界でも用いられるようになりました。

先行きが見えないVUCA時代での経営は、過去の経験や従来の分析結果だけに頼っていては、うまくいきません。企業が生き残るには、**今までの常識に囚われることなく、不確かな状況でも**

柔軟に対応でき、独自の発想を生み出す力が必要です。

●時代背景2：高い技術だけでは売れない時代

現代では市場と技術が成熟したために、モノづくりにおける同質化が進んでいます。メーカー間の技術的な差はほとんどなくなり、消費者は必要なものをすぐ手に入れることができます。

そのような中で消費者のニーズは「モノからコトへ」、つまり消費者は商品やサービスを選ぶ際に、機能性の高さはもちろん、それらがもたらしてくれる心の豊かさや満足度も重視するようになってきたのです。

技術力の高さを伝えるだけでは消費者の購買意欲は湧きませんし、他社との差別化も難しくなります。商品やサービスに、消費者が求める付加価値を与えて**「選びたくなる理由」を作り出す必要**があります。

さらに商品やサービスの開発においても、作り手の押しつけではなく、消費者が抱える真の問題や欲求を見つけ出し、「消費者にとって本当に必要なもの」を考え出さなくてはなりません。

●時代背景3：心の豊かさを求める社員

社員の意識は、仕事への満足感だけではなく、心の豊かさや自由時間の充実を求める方向へとシフトしています。

そのため、会社の売上や規模のみを伝えても、会社に対する魅力や期待は高まりません。昔ながらの企業のあり方では、人々の気持ちを動かすことができず、「社員が定着しない」「後継者が見つからない」「良い人材が集まらない」といった状態になってしまいます。

人が集まる、人に選ばれる会社になるためには、会社に対して共感でき、心を動かす「会社のあり方」を示すべきです。

これらの時代背景に潜む問題に対して、解決への糸口となるのが「人」に着目することです。その経営手法のひとつに「デザイン」があります（図1－2参照）。

「はじめに」でも書きましたが、ここでいう「デザイン」とは、ファッションや会社のロゴといった〝カタチのある〟、あるいは〝目に見える〟「狭義のデザイン」ではなく、経営手法として使われる「広い意味のデザイン」のことです。

図 1-2：デザインの定義

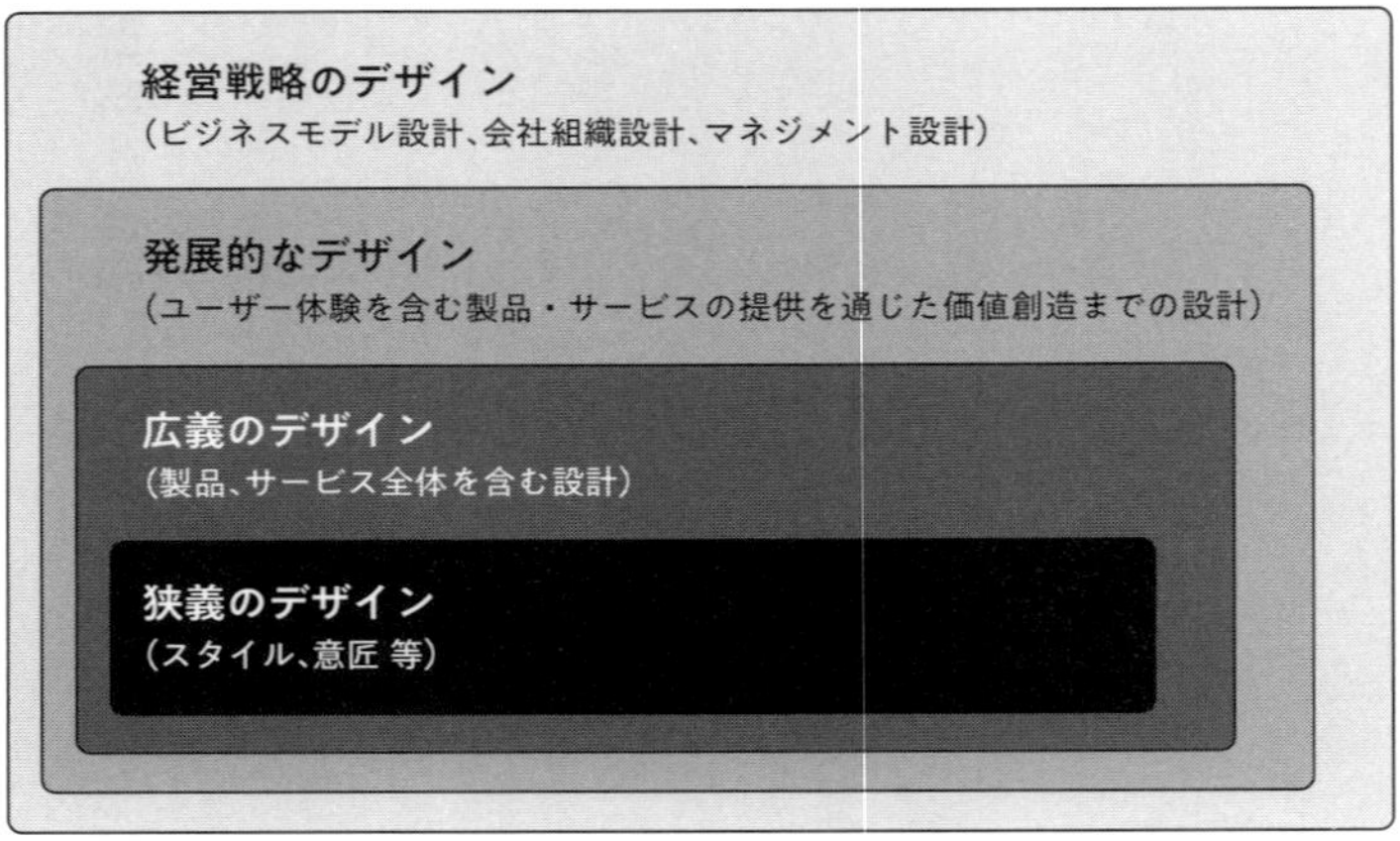

出典：第４次産業革命クリエイティブ研究会による「デザイン」の定義（経済産業省）

デザインは問題解決であり、人々がもっと快適に、もっと楽しく、もっと幸せになることを目的に価値を生み出します。

　そのような**デザイナーの思考は、ビジネス戦略にも生かせます。**人を中心に据えることで、人々がまだ気づいていない欲求を満たし、クリエイティビティー溢《あふ》れる発想で、事業の改善や人々に求められる商品やサービスの開発ができます。

　デザイナーの思考から生まれた成果物には、言葉や理屈を超えて人々の感性を刺激し、心を動かす力があります。さらに予測不能な事態を受け入れて進めるので、ＶＵＣＡ時代を乗り切る手法としても適しているのです。

2 国が推奨するデザイン経営

経済産業省と特許庁は、２０１８年5月23日「『デザイン経営』宣言」を公表しました。その中から、デザイン経営の特徴を3つのポイントにまとめました。

①「『デザイン経営』宣言」の背景

日本は人口や労働力の減少により、世界におけるメイン市場としての地位を失いました。第4次産業革命により、不確実性も高まり従来の常識や予測が立たなくなりました。

そのような時代に、世界の有力企業が戦略の中心に「デザイン」を据えている一方、日本の経営者は、デザインが有効な経営手段であることを認識しておらず、グローバル競争環境での弱みとなっています。

日本企業がグローバル競争を勝ち抜くためには、社会のニーズを利用者視点で見極めて、新しい価値を結びつけ、イノベーション（発明を実用化し社会を変えること）を起こすことが求められています。発明だけではなく実用化するには、デザインの活用は必須です。世界のメイン市場では、第4次産業革命以降、ソフトウェア・ネットワーク・サービス・データ・AIの組み合わせ領域に急速に切り替わっています。

その中のインターネットに接続された製品やサービスでは、企業が顧客に対して良い体験や高い満足度を提供することが重要視されています。**顧客体験の質を高める手法として、**デザインに注力している企業は急成長を遂げています。

そのことからデザインは、まさに産業競争力に直結するものと考えられています。

②デザイン経営の定義と効果

デザイン経営とは、企業の価値を高めるためにデザインの力を活用した経営です。デザイナー独自のクリエイティブな発想を経営の視点にも取り入れ、経営の意思決定など、システム開発や設計の初段から意見を取り入れていくことを指します。

デザイン経営の効果は以下の4つです。

●ブランド力が向上する

デザインは、**企業が大切にしている価値や価値を実現する意志を、人々が目で見て感じられるように表現**することができます。決して見た目を魅力的にするだけではありません。顧客に提供する商品やサービスすべてにその表現が適用されるため、企業価値を一貫性のあるメッセージとして打ち出すことができます。

そうすることで、顧客は企業の唯一無二の価値を体感することができるのです。

●イノベーション力が向上する

デザイナーは、企業側の思い込みに囚われず、顧客などターゲットとなる人の自然な姿を観察します。人と向き合い問題を出し、その問題から**彼らがまだ気づいていない悩みやニーズを掘り起こすことで、既成概念に囚われない自由な発想を生み出します。**

このようなデザイナーの思考を用いて、「誰のために何をしたいのか」という原点に立ち返ることで、既存の事業に縛られず、新しい事業化を構想できるのです。その結果、イノベーションを実現する力が生まれます。

図1-3：活用するデザインの力

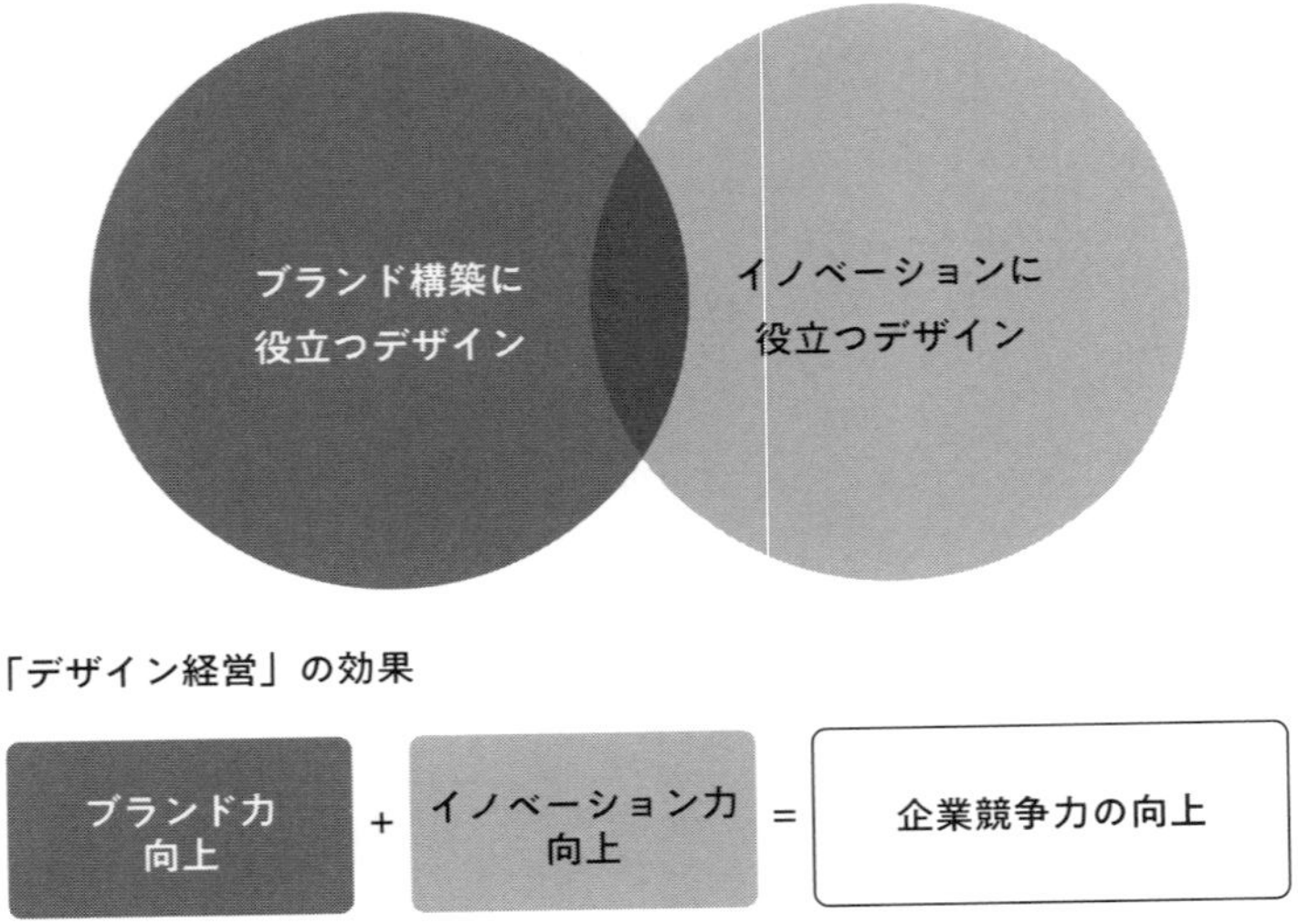

出典：「『デザイン経営』宣言」（経済産業省・特許庁 2018.5.23）より著者改変

●企業競争力が向上する

以上の2つ「ブランド力の向上」と「イノベーション力の向上」を叶《かな》えることで、**「その会社らしさ」が醸成**され、**企業の産業競争力の向上**につながります（図1－3参照）。

●利益や成長力が上がる

各国の調査により、デザインに投資を行う企業では、**利益や成長力が上がり、高い競争力を保っている**ことが分かりました。それがデザインを取り巻く世界の常識となっています。

③デザイン経営の必要条件

デザイン経営を実践するためには、必要条件が2つあります。

●経営チームにデザイン責任者がいること

デザイン責任者とは、商品やサービス・事業が**顧客起点で考えられている**かどうか、**ブランドの形成に役立つものであるか**などを判断し、必要な業務プロセスを構想できる人を指します。デザイン責任者は、経営チームに参画し、密接なコミュニケーションを取ります。

●事業戦略構築の最上流からデザインが関与していること

デザイナーが**事業戦略・商品・サービス開発の最上流から参加し、**経営層やエンジニアなどと共に計画を作っていきます。

「『デザイン経営』宣言」は、まだ完成版ではなく、これからの経営手法を切り開くための入り口となるものです。この報告書の終盤では、政策提言として、高度デザイン人材の育成や、デザインに対する補助制度の充実、税制の導入なども検討しています。

このように、日本でも強く「デザインの力を活用した経営」を推奨しているのです。

3 海外の成長企業の経営者は、デザインに精通している

『「デザイン経営」宣言』にもあるように、海外の成長企業はデザインを経営の中心に置くことで、ビジネスを成長させてきました。そのような企業の経営者とデザインとの関係を見ていきます。

「アップル」「ダイソン」「スラック・テクノロジーズ」は、ベンチャーから始まり、世界的な大企業となりました。各社の事業内容は三者三様ですが、そこには注目すべき共通点があります。それは**創業者が皆「アートやデザインに精通している」**ということです。

●アップルの場合

アップルの創業者であるスティーブ・ジョブズ氏は、デザインの優れた才能を持っていることで知られています。学生の頃には、カリグラフィー（西洋や中東などにおける、文字を美しく見せるための手法）や、禅の精神・芸術を学んでいます。

カリグラフィーでは、様々な形状の書体やその歴史、文字を組み合わせた場合のスペースの空け方などを学びました。米スタンフォード大卒業式（2005年6月）のスピーチでは、何がカリグラフィーを美しく見せる秘訣なのか会得し、科学ではとらえきれない伝統的で芸術的な文字の世界のとりこになったと語っています。

そして10年後、最初のマッキントッシュ・コンピュータを設計するときに、カリグラフィーで学んだことがアイデアとなり、フォント（コンピュータに表示される文字）の美しさを誇る最初のコンピュータが生まれたのです。

さらに禅では、座禅によって自分の心と向き合い、「自分が本当に望むもの」を徹底的に見ようとしました。

その結果、アップルではマーケティングを一切行わず、**人々がまだ見たこともない、心を強く揺さぶる簡潔で美しい製品を作り、熱狂的なファンを生み出して**いきました。

●ダイソンの場合

ダイソンは、サイクロン式の掃除機や羽のない扇風機などで、家電業界のデザインに革命を起こしたメーカーです。

その創業者であるジェームス・ダイソン氏は、自らがプロダクトデザイナーでもあります。アートスクールで絵画を学んだ経験を、非常に価値があったと語っています。その後、自分が日常的に使用しているものを自由にデザインすることに興味を持ち、家具のデザイン学校に入学。

それらの経験を生かし、性能の確かさはもちろん、徹底的にデザインにこだわった製品で、顧客の心をつかみ、成功を収めました。

その陰には、5000台を超えるサイクロン式掃除機の試作機を作ったというエピソードもあります。**デザインの考え方である「成功よりも失敗から学ぶこと」を重要視**しながら、より良い製品を開発し続けたのです。

●スラック・テクノロジーズの場合

スラック・テクノロジーズは、チャットアプリのソフトウェアを提供するメーカーです。創業者のスチュワート・バターフィールド氏は、キャリアの最初がWebデザイナーだったことから、スラックのロゴや社内のデザインにも積極的に関わり、デザインの力を活用した経営を行っています。

彼は**「ユーザーの本当の望み」を見極める**ため、コアなユーザーを中心として寄せられる意見の収集と、思いついたアイデアへの検証をひたすら続けてきました。これは、「人中心」に考えられるデザインの手法に通ずるものがあります。

Webサイト Inc.com での取材で彼は、今後デザインは経営上層部に肩を並べるだろうと語っています。

ビジネスリーダーがデザインへの理解を示し、経営での活用が成功の鍵であるということは、確信へと変わりつつあります。それにもかかわらず、多くの日本人経営者は、デザインが有効な経営手段であるということを認識していません。

先ほどのスチュワート・バターフィールド氏の言葉には続きがあります。

「デザインはビジネスに大きな違いをもたらしてくれるのに、他の起業家はあまりそのことについて考えていません」

本書ではアートやデザインを学んだことがないビジネスリーダーの方にとっても、再現性の高い考え方や思考法について紹介しますので、必ず突破口は見つかるはずです。

4　唯一無二の企業価値を生み出すブランド

皆さまは「ブランド」と聞くと、シャネルやグッチなどの高級ブランドや、ソニーや資生堂など大手企業が販売する商品や企業そのものを思い浮かべるかもしれません。しかし近年では、ブランドは高級か大手かということだけではなく、**中小企業でも必要な概念**となってきています。

他にも「ロゴやＷｅｂサイトなどを綺麗《きれい》に見せること」といった答えがあるかもしれません。しかしそれは、企業が取り組むブランディングのひとつに過ぎません。

ここでは、正しいブランドの概念とその必要性について、見ていきます。

ブランドの定義は唱える人によって様々ですが、本書では**「企業や商品・サービスを識別させた、顧客が抱く共通のイメージであり、無形の価値」**であると定義します。

コンビニエンスストアへコーラを買いに行った例で考えてみます。

店頭に並ぶのは3種類。同じようなペットボトルに、同じような白いラベルが貼られ、原材料もカロリーも価格も似たようなものです。そんな時にあなたは、ひとつを選ぶ決定的な理由が見つかるでしょうか？

もしその1つが、赤いラベルの中に「Coca-Cola」とおなじみのロゴが入っていたらどうでしょうか。コカ・コーラと聞いただけで、こんなイメージが湧いてきませんか？「さわやか」「クール」「人気がある」「歴史がある」……まだまだあるかもしれませんね。このような頭に浮かぶイメージが、知らず知らずのうちに商品を取捨選択する基準になっているのです。

ブランドを構成する要素の中には、**5つの「五感に訴えかける要素」**があります。コカ・コーラを例にしながら見ていきましょう。（日本コカ・コーラ株式会社ホームページより https://www.cocacola.co.jp/）

①ネーミング

「コカ・コーラ」という名前は、発明者で薬剤師のジョン・S・ペンバートン博士の友人であり、経理を担当していたフランク・M・ロビンソン氏が、頭韻を踏んだ覚えやすい名前がいいだろうと直感的に名づけたものです。「2つのCが広告で映えるに違いない」

という考えのもと、名づけられました。

②色

コカ・コーラおよびコカ・コーラ社のコーポレートカラーである「赤色」は、発売当時のコカ・コーラを運搬していた「樽の色」に由来しているのだそうです。

コカ・コーラ社では、見れば誰もがすぐに「コカ・コーラ」だと認知でき、印象に残るこの赤色を「コークレッド」と呼び、ブランドの資産として大切にしています。

③ロゴタイプ

ロゴタイプとは、ブランド名にデザインを施したものです。

名づけ親のフランク・M・ロビンソン氏が、試行錯誤の末、当時流行していた「スペンサリアン体」という流麗な装飾文字で、現在の源となるロゴタイプを生み出しました。

1890年には渦巻き風の劇的なイメチェンを図りますが定着せず、1年しか採用されませんでした。それ以降は、マイナーチェンジされ、ダイナミック・リボンと呼ばれる「白いリボン」を加えながら現在のロゴタイプに至ります。

④ジングル（音）・音楽

キャンペーンやCMなどで起用されているメロディーは複数ありますので、人それぞれ思い浮かぶものが異なるかもしれません。コカ・コーラ社は世界的にも、広告宣伝物に音や音楽を活用しています。

日本では1962年に、初のオリジナルCMソングが制作されました。このCMソングは大ヒットし、歌詞にある「スカッとさわやか」が、「コカ・コーラ」のキャッチフレーズとして定着していきます。

このようにCMソング・ジングルはキャッチコピーやキャンペーンに連動するように設計されています。

⑤パッケージ

コカ・コーラが誕生した1886年には、清涼飲料水を供給する装置でグラス売りから始まり、その後は他社と同じような形状の直線的な瓶に詰められ、販売されていたそうです。

その後、他社製品と区別し、「コカ・コーラ」のイメージを統一するために、コカ・コーラ社は独自デザインのボトル開発を進め、「暗やみで触ってもコカ・コーラのボトルと分かるデザイン」を追求した結果、1915年にコンツアーボトル（胴部がくびれたボトル）が開発され、同年に特許を取得しました。

誕生から約130年経った今でも、その形は当時とほとんど変わることなく、さわやかさの象徴として世界中の人々に親しみ愛され続けています。

皆さまも詳細ではなくても、コカ・コーラが持つブランド構成要素について、頭の中に浮かんでいたのではないでしょうか?

コカ・コーラは長い歴史があるにもかかわらず、ブランドイメージが一貫していて、私たちの頭の中に共通のイメージとして定着しているのです。

企業は**時間をかけて、ブランドの個性を「目に見える形」として創り上げていくべき**です。そうすれば顧客はそのブランドを認知しやすくなり、やがて名前を聞くだけで共通のイメージを浮かべるようになるのです。

ブランドについては第4章へ↓

5　ブランド価値を継続させるブランディング

商品やサービスを開発しただけでは、まだブランドではありません。自社ブランドを市場に根づかせ、顧客に感情移入を促していくことが必要です。そのための広告宣伝やＰＲ活動を「ブランディング」といいます。

ブランディングを行い、ブランドを育て、企業価値を向上させることができれば、**顧客は単発的な購入ではなく、長い期間にわたってそのブランドを指名して手に入れたいと思う**ようになります。

近年、景気の低迷や成熟する経済の中では、同質化を防ぐため、ブランディングは経営戦略のひとつとして企業規模の大小問わず重要視されるのです。

自社が属する市場に、競合となる商品やサービスがあり、需要が供給を下回っているようでしたら、ブランディングを行うことをお勧めします。

ブランディングを確立できると、「コカ・コーラ」の例のように、**会社が発するメッセージに共感した顧客が、競合商品やサービスの中から、趣味趣向に合わせて選んでくれる**ようになります。

それだけでなく、会社に価値を感じた優秀な人材を集めることにもつながります。社員は誇りを持って勤めることができ、定着率も上がります。顧客からも優秀な人材からも選ばれることにより、収益がアップする可能性が高まります。

もし、ブランディングを行わなければ、プロモーションはその場しのぎとなり、揺るぎないファンを生み出すこともできず、価格競争に巻き込まれる恐れがあります。

「安いから買う」「早いから買う」という顧客ばかりが集まってしまったら、もっと安くてもっと早い他社が出てくれば、自社を選ぶことをやめるかもしれません。

会社に価値や魅力を感じない場合、社員の離職率に影響を与えることもありますし、求める人材が集まらない恐れもあります。

「人々が望んでいるものは何か」「どのようなライフスタイルでありたいと思っているのか」「このブランドは人々の理想を叶《かな》えるひとつの手段になり得るか」。

ブランディングは、そういった「人」を中心に発想することが重要です。それらを十分に考慮し、**ブランディング対象者への理解や共感を得ることで強いブランドへと育ちます。**

「時間もかかりそうだし、成功も保証されず、躊躇《ちゅうちょ》してしまう……」そのように思われる方もいらっしゃるかもしれません。

しかし、もしあなたが世の中に広めるべき会社や、誇るべき商品・サービスをお持ちでしたら、ぜひブランディングと真剣に向き合ってください。正しい手順を踏んで、人々に真摯《しんし》に向き合えば、必ず独自の価値が生まれるはずです。

ブランディングについては第5章へ↓

6 人を中心とした経営の環境作り

デザインの力を活用した経営を行うには、社員と問題を共有し、社内一丸となって理想の会社を築き上げるために適した環境の確立が必要です。その基盤となる2つのポイントを紹介します。

①企業のありたい姿を浸透、体現する

「この会社はどこに向かっているのか」。社員を含めたステークホルダー（利害関係者）の想いと向き合いながら、企業のありたい姿や経営理念などを描きます。経営理念とは、会社が何のために存在しているか、どんな目的を持っているか、会社の使命は何かなど、企業活動の方向性を示したものです。**ビジネスリーダーが旗振り役となって、会社が目指すべき未来像を掲げ、社員と共に進むべき道を示します。**

そしてそれらに必要な行動をビジネスリーダー自らが体現して社員に見せることが重要です。

②縦割り組織から横断型組織へ

「縦割り組織から横断型組織への変革」。つまり各部門の独立性が高く、上下関係を中心に運営される組織から、各部門間がお互いに理解し合うことができ、時にひとつのチーム

となってプロジェクトを遂行できる組織とします。

そうすることで**風通しが良くコミュニケーションが向上すると同時に主体性を生む、そのような風土を築き上げます。**

このような基盤がない状態だと、社員の力を十分に発揮させることができません。私は仕事上、様々な会社の経営者や社員の話を聞く機会があります。その中から2つのエピソードを紹介します。

①経営者と社員の断絶

ある会社の経営者との話はとても興味深く、ワクワクするものでした。将来こうありたい、こんなことを手掛けたいと、多くの夢に溢《あふ》れています。

そんな夢ある経営者の会社に勤める社員と話すと、驚くことに私が感じた会社への期待感は一切ありませんでした。「社長の無茶な注文につき合わされている」とか「目先の問題をどうにかしてほしい」さらに「機会を見て必ず転職したい」と考えていたのです。

この経営者と社員の間に大きな溝を感じました。経営者は、社外では溢《あふ》れんばかりの夢を語っています。しかしその夢は、社内の特定の人にしか話しておらず、ほとんどの社員には届いていませんでした。

その想いを聞かされた一部の社員にとって社長の夢は魅力的ではありましたが、その夢へ向かう道筋が用意されておらず、目の前にある問題で頭がいっぱいです。想いを聞かされていない社員は、「この会社は一体どこに向かっているのか」「何を目指してがんばればいいのか」が分からず、やりがいを見出せない状態です。

夢はあれども社員の気持ちや現状を理解しなかったことから、優秀な社員が次々と離れていくという結果を招いたのです。

②縦割り構図の弊害

ある大手メーカーに勤める社員の話です。彼は営業で商品を企業に卸しています。入社当時は自社の名前だけで売れていたのですが、今ではさっぱり売れなくなっていました。

卸先に求められているのは、メーカー名や商品の機能性だけではなく、消費者がメリットを感じられる商品の魅力やデザイン性の高さでした。それを感じた営業は、商品開発部にデザインの方向性も示したコンセプトを提案しましたが、一切受け入れてもらえません。

その会社では技術者が絶対的な権力を持っていて、自分たちが自信のある技術を優先した商品だけを開発し続けます。その昔ながらのスタイルに抗う術はなく、コンセプトもデザインも後づけで一貫性がない商品の在庫が増え、最終的には安売り対象となったのです。

社員の心にも、会社に対して「何を提案しても変わらない、変えられない」といった「諦め」のような気持ちが根づいてしまいました。

この会社では、**縦割り構図による凝り固まった商品開発の仕組みや風通しの悪さから、とても大切な、社員がもたらしてくれる有益な情報や社員の意欲を、知らない間に削ぐ結果となっている**のです。

皆さまの会社ではいかがでしょうか？　もしも思い当たることがあるようでしたら、まずは社内に目を向けて、社員の気持ちに立った上で物事を考えてみてください。

社内環境を整えるだけで様々な問題が解決することもあります。基盤作りを行い、強い会社を築き上げていきましょう。

環境作りについては第3章へ↓

第1章

7 デザイン思考の先には「人」がいる

経営に生かすべき「デザイン」では、「デザイン経営」「ブランディング」「適した社内環境作り」がありました。これらについて考えていく上で、基盤となる考え方が「デザイン思考」です。

「デザイン思考」は、いわゆる表層的なデザインを生み出すスキルではなく、デザイナーたちが長い歴史の中で培ってきた「アイデア創出から具現化」のスキルを活用し、**デザイナーではないビジネスマンが使えるように体系化された思考法**です。

デザイン思考については次の第2章で詳しく解説しますが、ここでまず、そもそもデザインが生み出されるとき、どのようなプロセスがあるかを見ていきましょう。

①デザインする案件のスケジュールや予算、仕様や条件などビジネス上の制約を確認しながら、「誰に向けて作るのか」といった**ターゲットを強く意識**します。

②その**ターゲットへの理解を深める**ため、「その人たちのライフスタイルはどのようなものか」「悩みは何か」「どんなものを求めているのか」「どういった場でこれから作るデザインと触れ合う機会があるのか」などについて考察します。その際、デザインの種類にもよりますが、実際にターゲットとなる人たちとの会話を通して理解を深めることもあります。

③それらを念頭に置きながら、さらに「どのようなデザインであれば彼らの役に立つか、解決へと導くことができるのか」といった具合に、**ターゲットが望んでいるもの**、あるいは求めている以上のものを生み出せるようなアイデアを、広い視点で数多く出します。

④そのたくさんの可能性を秘めたアイデアから、目的を達成でき、数々の制約の中、実際に作り出すことが可能で、さらにインパクトのあるものはどれかを探し出し、**アイデアをまとめていきます**。

⑤アイデアのままでは、デザインを依頼した人たちやチーム内での共有が難しいため、**目に見える形に変えていきます**。いきなり本物を作るには時間もお金もかかるため、関係者の想像がつく程度のスケッチや工作など簡易的なものにします。

図 1-4：人を中心

⑥それらを**関係者全員で共有し意見を出し合い**、ターゲットにも実際に見てもらって（使ってもらって）感想を聞きます。その意見を元に改善を重ね、必要があれば前工程に戻るなどを繰り返しながら、精度を高めていくのです。

デザインが作られる工程を簡単にご説明しました。ここで重要なのは、**デザインを作る際には常に「人を中心」に考え**（図1−4参照）、**人の悩みやニーズを確かめながら進化させ、人々が本当に必要としているデザインは何かを追求しながら作り上げていく**、ということです。

さらに、完成度の高い試作品を作るので

はなく、様々なアイデアを簡易的に形にして多くの人の意見を聞きながら改良し、精度を上げます。

このプロセスでデザイナーが作るのは、商品やそれらにまつわる媒体などのデザインです。なぜ皆さまのビジネスにおいて、このようなデザイナー的発想、つまりデザイン思考が必要なのか。それは、あなたが持つ様々な悩みの先にいるのは、組織の問題の場合には社員、自社の商品やサービスではユーザーなどの「人」であり、彼らの悩みを解決し、ニーズを満たしていくことが、企業の価値につながるからです。つまり、**会社や商品・サービスを見直す際、人への共感や理解がなければ、真の問題を見つけ出すことはできない**のです。

そのためには「人々が抱える悩みは何なのか」「どのようにしたら人々が幸せになれるのか」といったことに向き合う必要があります。

それを怠って「他社よりもいかに技術を磨くか」「どうやったら月々のノルマを達成し儲《もう》けられるか」などが根本にあっては、人々が求めるモノやコトを生み出すアイデアが出てくることはないでしょう。

デザイン思考では、人を中心に作られていくデザインの考え方やプロセスを活用しながら、**「人々が本当に求めている会社や、商品・サービスとは何か」**を追求していきます。

「人を中心」とした考えで潜在的な欲求を導き出し、そこに技術を結びつけることで、「こんな良い体験ができるとは思いもしなかった」「そうそう、こういうのがあったら便利だったんだ」「こんなものがあれば私の生活はとても潤いそう」と人々に満足してもらえる会社や商品・サービスが生まれるのです。

デザイン思考については第2章へ↓

8 時代に敏感な経営者は、すでにデザイン経営を始めている

デザインの力を活用した経営は海外企業だけではなく、これからの時代の流れを敏感に察知している日本のビジネスリーダーたちも、いち早く取り入れています。彼らはデザインに深い関わりや理解を示し、経営層にデザイナーを迎え入れているのです。

それらの企業の多くは、圧倒的な価値を生み出し成功しています。

パナソニックの取り組みを例に見ていきます。

パナソニックには「パナソニックデザイン」という社内デザイン部門があり、その歴史は1950年代にまで遡《さかのぼ》ります。

初めてアメリカで市場視察を行った創業者の松下幸之助氏が、現地のビジネスを見て、その成功の秘訣はデザインであることを悟り、「これからはデザインの時代である」と痛感したそうです。

翌年の1951年に、日本ではじめてのインハウスデザイン部門を作りました。その後、デザインを単なる見た目を整えるスタイリング的な役割だけではなく、新技術や設計と一体化させるために、開発段階からデザイナーが関わることになっていきました（これはまさに、2018年に経済産業省と特許庁より唱えられた「『デザイン経営』宣言」に共通した考えです）。

デザイン部門の設立を機に、社員にもデザインを理解してもらおうと努め続けました。それらの活動や思いがパナソニックの強いDNAとして継承され、今の「パナソニックデザイン」につながっているのです。

「パナソニックデザイン」では、「デザイン思考」などのデザイナーの発想で物事を見て、顧客の潜在的な欲求を導き出し、新たなモノづくりや企業運営の仕組みを構築しています。部門間の垣根を越えたクリエイティブな環境を作り上げ、パナソニックの新たな商品が開発されています。（パナソニック株式会社ホームページより https://panasonic.co.jp/design/about-us/history/）

デザインをいち早く取り入れているのは、大手企業だけではありません。全体の中では数が少ないようですが、中小企業も果敢に取り組んでいます。

経済産業省と特許庁が「『デザイン経営』宣言」を公表した半年後の２０１８年11月、クリエイティブに特化したマッチング型採用サービスの事業を展開する「株式会社ビビビット」より、「『デザイン経営』『デザイン思考』に対する企業の意識調査」が公表されました。

いくつか興味深い結果をまとめて見てみます（図１－５参照）。

図1-5:「デザイン経営」「デザイン思考」に対する企業の意識調査を実施

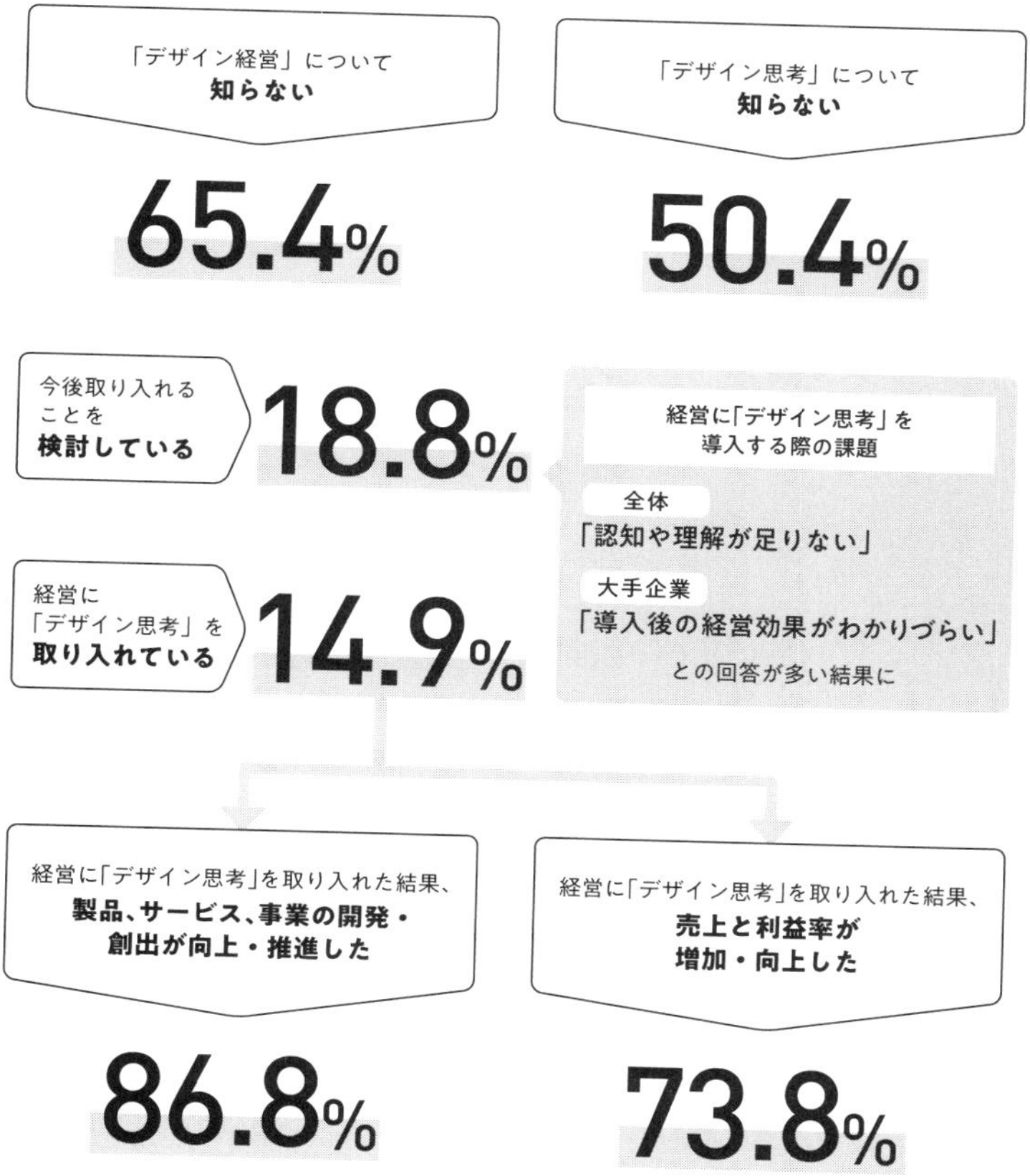
「デザイン経営」について
知らない
65.4%
「デザイン思考」について
知らない
50.4%
今後取り入れることを
検討している
18.8%
経営に「デザイン思考」を
取り入れている
14.9%
経営に「デザイン思考」を導入する際の課題
全体
「認知や理解が足りない」
大手企業
「導入後の経営効果がわかりづらい」
との回答が多い結果に
経営に「デザイン思考」を取り入れた結果、
製品、サービス、事業の開発・創出が向上・推進した
86.8%
経営に「デザイン思考」を取り入れた結果、
売上と利益率が増加・向上した
73.8%

［調査方法］インターネットによる調査
［調査期間］2018年10月29日(月)～2018年11月1日(木)
［有効回答数］3,347人
［調査委託会社］株式会社インテージ

「株式会社ビビビット市場調査結果／『デザイン経営』『デザイン思考』に対する企業の意識調査」より著者改変

・「デザイン経営」や「デザイン思考」を導入している企業は全体の15％未満。
・大手企業導入への障壁は「投資対効果の見えにくさ」などにある。
・経営に「デザイン思考」を導入した会社の86・8％は「製品・サービス・事業の開発・創出が向上・推進した」、73・8％の企業は「売上と利益率が増加・向上した」と回答。

さて、この結果をどのように捉えられたでしょうか？　アンケート内で導入を躊躇《ちゅうちょ》されている企業と同じように「本当に売上につながるのか」と思う方も多いのではないでしょうか。

しかし、デザイン経営やデザイン思考を実践して、多くの企業がその効果を実感している状況を前向きに捉え、好奇心を持ってご自身のスキルとして蓄えていただきたいのです。

導入を躊躇《ちゅうちょ》してしまう課題として、「認知や理解が足りない」という回答も見られます。しかし、本書を読み終えたときには、デザイン経営やデザイン思考への理解が深まり、必要性を強く感じられるようになっているはずです。

My Story

デザイン経営への道①
はじまり

ひ孫請けオペレーション会社的な状態だった

現在私が取締役社長を務める会社は、1991年にイラストレーターを多く抱える大阪の制作会社として始まりました。2008年に事業を拡張し、イラストレーションプロデュースと、デザイン制作を行う支社を東京に設立しました。

元々デザイナー・イラストレーター・スクール講師としてフリーランスで活動していた私は、2011年、制作の外部ブレーンを募集していた東京支社に応募したところ、デザイナーとして社員になってほしいといわれました。

大学を卒業してからずっとフリーランスで、会社勤めをしたことがなかった私ですが、これもご縁と思って入社を決意します。

この会社で仕事を始めてすぐ分かったのは、東京支社で主にやっていたのは、資本提携するデザイン事務所から請け負う仕事でした。正確にいうと、そのデザイン事務所が受けたものの、低価格のため自分たちではやらない仕事を弊社に出していたということです。

当然仕事内容も、クリエイティブな要素は少なく、オペレーション的な（デザイナーがデザインした原案を、指示に従いながら形にする）仕事がメイン。単価が安いため、ひたすら量をこなすしかなく、当然長時間労働になる。しかし、それに見合ったお金はもらえないばかりか社員の満足度も低く、不満がたまるという状況でした。

そんな中、とにもかくにも、やらなければならない日々のルーティンに追われていました。

私が入社すると同時にデザイナーが1名辞めることが決まっていて、数年間勤めている他のデザイナーは数カ月前から出社していない、さらに契約社員がクライアントとトラブルを起こして退社し、残されたのは私を入れて3名。この会社はどうなっているのか。

数カ月経って、ようやく次のような会社の問題点が見えてきたのです。

- **役員は大阪本社にいて、東京支社に責任者がいない。**
- **資本提携する他社に経営を委ねているため、自社のビジョンがない。**

My Story

・社員の教育不足による営業力やスキルの低下が見られる。
・ひ孫請け案件がほとんどで、十分な売上や利益が得られない。
・社員が「入っては辞め」を繰り返し、定着しない。
・社員同士のコミュニケーション不足によりチーム力が弱い。

これは後で知ることになるのですが、そもそも東京支社は、弊社の意思ではなく、当時資本提携していた会社の社長の申しつけにより設立されたものだったのです。そのため弊社の創業者は、経営の一切合切をその会社に委ねていたという経緯がありました。

さらに社員たちと一緒に動いているうちに、彼女らが持つ仕事や会社への不満を耳にするようにもなりました。そして入社1年後、東京支社は赤字累積により閉鎖という噂《うわさ》が……。

資本提携する会社に頼るも、彼らは自社のことで手いっぱいで、子会社のような私たちへのケアは二の次でした。それも当然のことです。

私が入社してわずかな月日しか経っていませんでしたが、数名の社員を新たに加え、少しずつチームワークを高め、仲間への愛着が湧いてきたのに、ここで終わらせたくない。今の問題を解決しつつ、閉鎖にならないよう打開策を考え、きちんと自立しなければ……。

そこで私は、ここにいるみんなと一緒にこの会社を立て直そうと決意したのです。

私は上京してきたばかりでコネクションもありません。立て直すための資金も、さらに会社に所属したことがない私には経営経験もありません。決意はあれども、従来の経営立て直しに必要な要素は何にもない。私にあるのはデザイン力だけです。

しかしデザインとは、クリエイティブな表現ばかりではなく「問題解決」でもあります。ならば今まで培ってきたデザイン経験で、社内の問題を解決しようと心に決めたのでした。

第2章

デザイン思考で真の問題を発見し、解決へ導く

1 デザイン経営の基盤となるデザイン思考

ビジネスリーダーの皆さまが抱える悩みは、多岐にわたることでしょう。商品やサービス、さらには組織が持つ問題に対峙《たいじ》するとき、それらすべてにどう立ち向かっていくべきか、混乱することもあるのではないでしょうか。

しかし、デザインの力を活用した経営では、その根底にある思考方法はひとつ。それは「デザイン思考」です。デザイン思考とは何か、どのようなことができるのかについて、見ていきましょう。

デザイン思考とは、デザイナーがデザインを生み出す上で必要な思考や手法であり、そのプロセスをツール化しビジネスで応用させる取り組みでもあります。それは**「人々が心の奥底で何を求めているのか」「人々の満足を埋めるために本当に必要なものは何か」「どのように販売し、どのような体験をしてもらうべきか」などを導き出す**ことができます。

デザイン思考は、2008年、アメリカ合衆国カリフォルニア州パロアルトに本拠を置くデザインコンサルティング会社IDEO（アイディオ）のCEOであるティム・ブラウン（Tim Brown）氏がハーバード・ビジネス・レビューに「IDEOデザイン・シンキング」を発表したのを契機に、ビジネス領域での関心が高まっていきました。

ティム・ブラウン氏によれば、デザイン思考は「人々のニーズを探り出し、飛躍的発想で生活を豊かにする」ものであり、「製品開発や問題解決にデザイナーの思考を取り入れる人間中心のアプローチ」としています。（『デザイン思考が世界を変える』ティム・ブラウン、早川書房、2014年）

デザイン思考は、IDEOのコンサルティングノウハウから発展し、アップル社の初期のマウスや、無印良品の壁掛け式CDプレーヤーを生み出したことでも知られています。そして多くの企業が事業戦略に導入したことで、世界的に注目を集めてきました。

日本はこれまで、機能性の高い商品やサービスの生産・販売には力を入れてきましたが、「人々の問題を解決するために何を作ればいいのか」「作ったものをどのように人々に届けるのか」といったことについては、それほど重要視してこなかった背景があります。

しかしこれからの時代には、このような視点が必要となり、それを導き出してくれるのがデザイン思考なのです。

デザイン思考の目的は、**人が中心の発想でイノベーションを起こし、社会に新たな価値を提供する**ことです。そして既存のビジネスの枠を超えた新たな商品・サービスの開発や、新規事業開発、ブランディングなど、0から1を生み出すのに最適な思考法だと言われています。

これらの思考を取り入れれば、企業が抱える様々な問題から課題を導き出し、人々に真に必要とされる解決策を創造することができるのです。

2 デザイン思考は企業をイノベーション体質に変える

物やサービスに溢《あふ》れ、同質化が進む現代では、イノベーションは、「成長するためのもの」から「企業が生き残るために必要な原動力」へと変化しています。その必要性を感じてイノベーションに取り組む企業が増えていますが、そう簡単には生み出せないのが実情です。たとえば、こんな悩みをお持ちではないでしょうか。

- **代わり映えしないアイデアしか出ない。**
- **顧客が本当に求めているものが何か分からない。**
- **競合他社と似たような商品しかない。**
- **商品開発には時間とお金がかかるから実践しにくい。**

そのような場合にも効果をもたらすのが「デザイン思考」です。**デザイン思考は「社会をより良く変えるためのイノベーション技法」**ともいわれていて、アイデアを生み出し素早く形にしていくことができます。

これまで主流だったのは、「すでにある技術を使って新しいビジネスを始めよう」という、「できること」から発想された「シーズ起点」でのイノベーションです。こういったイノベーションからは、機能的価値（その商品やサービスが持っている基本的な価値とそれに付随する機能性の高さ、便利さ、効率の良さなど）が生まれます。

シーズ起点では「ユーザーにとって本当に必要なものかどうか」は後回しにされて、技術が先行するため、「技術は優れているが他との違いが分からない」といった結果を招くこともあります。そうなるとユーザーは値段の違いで判断せざるを得ませんし、企業は価格競争に巻き込まれることは容易に想像できます。

一方、**イノベーションに必要な「ニーズ起点」は、心の奥底にあるユーザーの悩みや本当に求めていることを探るところから始めます**（図2－1参照）。

ニーズ起点から生まれたアイデアは、情緒的価値（その商品やサービスの機能が満たしてくれる優越感、幸福感、安心感などの感情）が生まれ、ユーザーがまだ気づいていない潜在的欲求を満たすことができます。このような考え方は、社会問題の解決を起点に置くイノベーションともいえます。

人々が何かに憧れを持ったり、自分にとって必要かどうかを見極めたりするとき、機能性だけではなく、それを使うことで「自分にとって良い経験や感情が得られるかどうか」が重要な判断基準となります。

図2-1：シーズ起点からニーズ起点へ

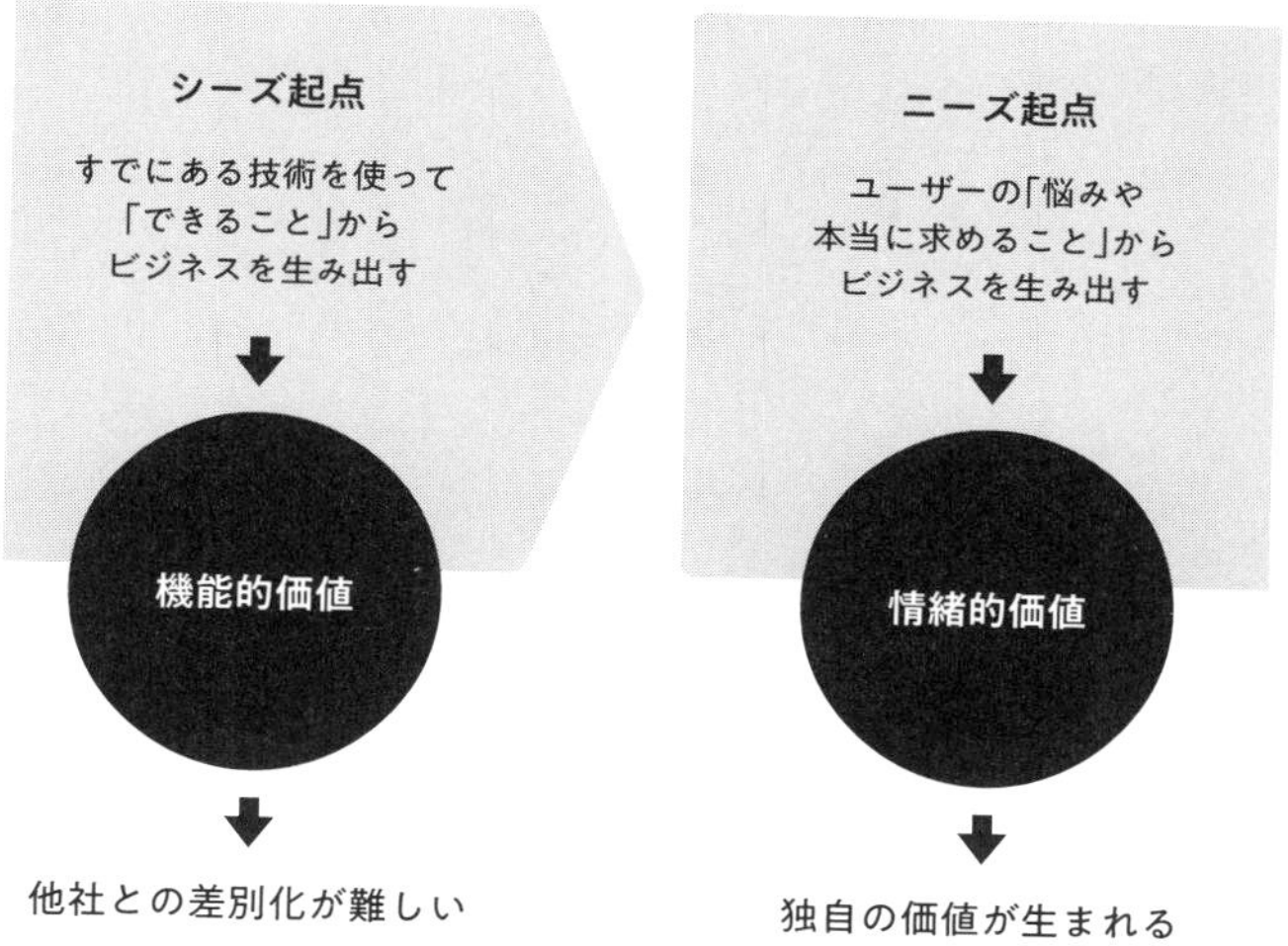
シーズ起点
すでにある技術を使って
「できること」から
ビジネスを生み出す
機能的価値
他社との差別化が難しい
ニーズ起点
ユーザーの「悩みや
本当に求めること」から
ビジネスを生み出す
情緒的価値
独自の価値が生まれる

「ニーズ起点」のイノベーションでは、その感情を動かし、ユーザーに行動を起こさせることができるのです。

これからの時代に求められているのは、機能的価値が大前提としてあった上で、情緒的価値を加えていくことです。そのためには、**「社会をより良く変えるためのイノベーション技法」であるデザイン思考を用いて、**人間主体の発想でイノベーションを起こし、社会に新たな価値を提供していくことが必要です。

デザイン思考ではユーザーを観察したり、会話をしたりすることで共感を高めてから発想する「徹底したニーズ起点」となるため、世の中に真に求められる商品やサービスを生み出すことができます。

3　デザイン思考の心構えと準備

デザイン思考の必要性やその手法は多くの書籍などでも語られていますので、すでに試したことがある方もいらっしゃるかもしれません。残念ながら「うまく形にならなかった」という声を聞くこともあります。ここでは、デザイン思考を活用し、成功へと導くための心構えと事前の準備についてお伝えします。

①デザイン思考の心構え

●いつも人が中心

仕事をする上でよく頭をよぎるのは「売上」「予算」「売れるかどうか」「高い技術の生かし方」「ノルマ」「会社の都合」「株主あるいは上司の顔色」と様々かと思います。しかしそれらの考えを一旦遮断しましょう。

デザイン思考では、その**対象者となる「人を中心」に何事も発想**していきます。商品やサービスでは、**ユーザーが抱える悩みや潜在的欲求が何かを見つけ出すことが重要課題**です。なぜなら、その商品やサービスを「良いもの」と評価するのはユーザーであり、選んで購入するかどうかを決めるのもユーザーだからです。また企業内での問題解決の場合は、社員を中心に据えるなど、その対象者は、抱える問題により異なります。

●失敗を恐れない

「失敗をしない」という心意気は素晴らしいことです。

デザイン思考では、**人を観察し心を読み解き、さらに悩みを解決し望みを叶《かな》えていく**ことになります。私たちはエスパーではないので、きっと微妙に人の心理にヒットできないこともあるでしょう。しかし、失敗せず完璧を目指そうと、ただ得られたデータとにらめっこしていたり、慎重になりすぎてはその先の一歩が踏み出せません。

デザイン思考では**「まずは作ってみる」「作りながら考える」**といった工程があります。恐れずにアイデアをどんどん具現化して、チームや実際の対象者から意見を聞く、違えば

第1章
第2章
第3章
第4章
第5章

壊してまた作って考える。一見「それでは時間がかかって仕方がない」と思われるかもしれませんが、**失敗から学ぶことは多く、むしろ成功への近道となる**のです。

●変化や不確実な状態を受け入れる

ビジネスでは、過去の成功体験を元にした意思決定のための手法や分析ツールなどが根強く信じられています。過去の論理的なツールは不確実なものを生み出すことを事前に防ぎ、合理的な意思決定をしようとします。

しかしイノベーションとは、今までにない新たな発想を生み出すことですので、不確実な要素に溢《あふ》れています。その発想を排除しては新たなものは生まれません。過去の合理的な考えから生み出されるものは「正しい」かもしれませんが「面白くない」かもしれません。デザイン思考では、過去の手法や分析ツールに頼りすぎず、人に深く共感し、チーム全員や関係者とディスカッションしながら今までにない新鮮なアイデアを出し、対象者をも巻き込んで一緒に精度を高めていくことが求められます。

不確実さを排除するのではなく、その中で様々な角度から検討を重ね**チャレンジする好奇心が必要**になります。

●直感や感性を信じる

論理的な方ほど、「直感や感性」といった言葉はビジネスとは真逆の位置にあると感じ、頭の中から切り離しているかもしれません。あるいは時流に敏感な方でしたら「経営とアートの相乗効果」についてすでに知見をお持ちかもしれません。

論理的な思考に偏りすぎると、正しい答えを出すことはできても、オリジナリティーのある尖ったアイデアや新しい価値は生み出せない場合があります。

「好き」「良い」と感じたものを**自身の直感や感性で選んだときに感じる腹落ちするような感覚**が、実は人として正しい判断であることが多いのではないでしょうか。その感覚も大切に持ちながら、デザイン思考を行っていきましょう。

このような心構えでデザイン思考を始めてみましょう。取り組む姿勢が、問題解決のアイデアや強いイノベーションを、生み出せるかどうかを大きく左右します。

②デザイン思考の準備

●プロジェクトの目的やテーマを設定する

デザイン思考を使ってプロジェクトの目的やテーマを決めます。たとえば社内で起こっていることでは、「社員が自発的に行動できる環境を作る」ですとか、サービスでは、「付加価値をつけてもっとユーザーに求められる内容にする」など、**あなたが解決したい悩みなどから、設定**していきましょう。

●プロジェクトチームを作る

たとえば、あなたが商品開発における技術者だとします。イノベーションにつながる新たな商品を開発したい場合、あなたのチームは、商品開発に携わっている同じ部門の仲間を迎え入れたいと思うのではないでしょうか。そのほうが商品知識が互いにあり、共通言語も多く、話が早いですからね。

しかし、これは今までのチーム作りの話です。デザイン思考では、**複数の異なる専門家で構成されることが理想**です。キャリアや年齢が異なる、他部門の人たちを募ることをお勧めします。そうすることで、異質なアイデアや意見の相乗効果により、ユニークなアイデアを生むことになるでしょう。

その中であなたは、自分たちの技術に固執した考えを持ったり、他の人の技術から逸脱したアイデアに対してストレスを感じたりしてはいけません。あなた自身の固定観念を捨て、考えを提供しながらも、他の人の意見やアイデアを楽しみ、膨らませる手助けをしていきましょう。

●プロセスの全体像を知る

デザイン思考には5つのステップがあります。本書ではスタンフォード大学が提唱している「①共感→②問題定義→③創造→④プロトタイプ→⑤テスト」を元に、デザイン思考の基本的な考え方について触れていきます。

5つのステップといっても「①→②→③→④→⑤」と明確に進むのではなく、デザインが作られる工程と同じように、人々の反応や意見によって「①→②→③→④→②→③……」など、行ったり来たりを繰り返しながら質を高めていくことになります。

では次から、デザイン思考の5つのステップを見ていきます。デザイン思考の対象者となるのは、問題によって様々ですが、ここからのステップ内では、「ユーザー」と想定します。

4 デザイン思考5つのステップ①
「共感」ユーザーが本当に求めていること

この工程では、問題を見つけ出すための情報を集めます。ユーザーの抱える悩みを深掘りし、彼らが「本当に求めていることは何か」を見つけ出していきます。「本当に」というのは、ユーザーの「潜在的欲求」を見つけるということです。

欲求には「顕在的欲求」と「潜在的欲求」が存在します。「顕在的欲求」はすでにユーザーが気づいている欲求のことで、たとえば「この加湿器はよく効くけど、手入れがもっと簡単だったらいいのに」など悩みを認識し言葉にできるような状態です。それに比べて「潜在的欲求」は、まだ気づいていないので、ユーザーは聞かれても答えられません。

革新的な解決策を導いたり、強いイノベーションを起こしたりするためには、これらの**ユーザーが抱える「潜在的な悩み」や「潜在的欲求」を見つけることが重要です。**

ではどのようにすればそれらが見つけられるか。それは企業側がユーザーに対する「共感」を深めることにあります。

「共感」という言葉を調べると、大辞林では「他人の体験する感情を自分のもののように感じとること」とあります。感情には様々なものがありますが、デザイン思考では「喜び、快感、幸福」といった前向きな気持ちへの共感ではなく、「不安、悲しみ、不満」などの感情に寄り添っていくことを重要視します。

ユーザーの抱える悩みに対して共感することで、「そもそもの問題点は何なのか」「どうすればその悩みを解消できるのか」を導き出すことができるのです。ユーザーと同じ立場に立って親身になるには、その対象者と実際に触れ合うことが必要になります。その方法は次のとおりです。

●観察する

実際に現場へ行って、どのようなことが起こっているのかを自身の肌で感じます。そうすることで、**調査やアンケートなどの資料には現れないような事実を理解することができます。**

たとえば「店舗でのユーザーの滞在時間が長くなるような工夫をしたい」といったテー

マの場合は、実際に店舗へ行き、ユーザーがどのような行動をしているのかを見ることになります。対象者が自社の社員や、観察することを事前に伝えているような場合には、あらかじめ観察の目的を伝えておくことも必要です。

そして、観察の記録は必ず残しておきましょう。ノートに文章で書き留めたり、写真や動画を撮ったりするのも効果的です。これにより、持ち帰ったときにそこでの空気感を思い出しやすく、チーム全員との共有も容易になります。

●会話する

ユーザーへのインタビューを行い、彼らが日々何を思いどのような選択をしながら行動しているのかなどを理解します。そうすることで、**ユーザーの持つ悩みや欲求を見つけ出すことができます**。そういった言葉をユーザーから引き出すために、ユーザーの感情や行動が理解でき、テーマに深く関わる質問内容をあらかじめ用意します。

会話の中では、ユーザーの答えに対して「恐らくそれはこういう理由からだろう」と自身の経験から推測する（決めつける）のではなく、「それはなぜですか？」と聞くようにしましょう。そこに、見落としがちなユーザーの本当の気持ちが隠れているかもしれないからです。

質問内容も「このようなものがあると良いと思いませんか？」という自分の設定した結論に誘導するような内容は避けましょう。あくまでユーザーの気持ちを正確に引き出すことが目的です。

これらの会話は「観察」するときと同じく、**メモや録音などで記録しておくとよい**でしょう。注意しないといけないのは、会話からはまだ「潜在的欲求」は導き出せない恐れがあるということです。なぜならそれはユーザー自身が自覚していないからです。

このような手法を使って、ユーザーへの共感を深めながらユーザーの行動や発言、あなたが思ったことや感じたことなどを記録していきます。

観察や会話をした体験によって相手に共感することができたら、**「ユーザーが生活する上で大切にしていることは何か」「言葉の裏に隠された欲求とは何か」**といったことを、ユーザーの立場や気持ちになりながら考えていきます。それにより「潜在的欲求」に近づくことができるはずです。

5 デザイン思考5つのステップ②［問題定義］ユーザーを理解し問題を導き出す

この工程では、ユーザーインタビューなどの結果を元に、解決すべき問題を定義していきます。ユーザーの経験や考え方、新たな気づきを通して、ユーザーが抱える悩みや価値観などを考察し、問題を明らかにします。そのために以下のことを行いましょう。

●チームで共有する

まずは、**ステップ①［共感］**で得られたインタビューなどの情報（書き留めたノートや写真、音声や動画など）をチームで共有します。

情報共有というと、ユーザーを観察し会話した人がそれぞれパワーポイントなどで資料にまとめるという方法を連想されるかもしれませんが、デザイン思考の場合はそれとは異なります。

情報を整理や分類した後、**ホワイトボードや模造紙などを使って、チーム全員で一覧で**

きる状態を作り出します。そこに、以下のことを付箋《ふせん》に書き留めて貼り出し、現場での出来事を話します。

・ユーザーがどのような経験をしているか。
・ユーザーがどのようなことに不安や不満を抱いているか。
・ユーザーとの会話の中での矛盾と、その深掘りした内容。

このようなことを俯瞰《ふかん》しながら、ユーザーインタビューを行っていないチームメンバーと質疑応答することで、さらに内容を深め、チームの会話の中から生まれたユーザーの悩みを解決するアイデアなども加えていきます。

●共感を深める

ユーザーが置かれている状況や感情をチームで理解していくためには、複数のユーザーとの会話の後に**「共感マップ」**を作ることをお勧めします。共感マップでは「ユーザーが生活の中でどのような情報に触れているか」「何を感じ、何を考えているか」を一覧することができます。

図2－2のように、**「見ていること」「聞いていること」「考えていること、感じていること」**

図2-2：共感マップ

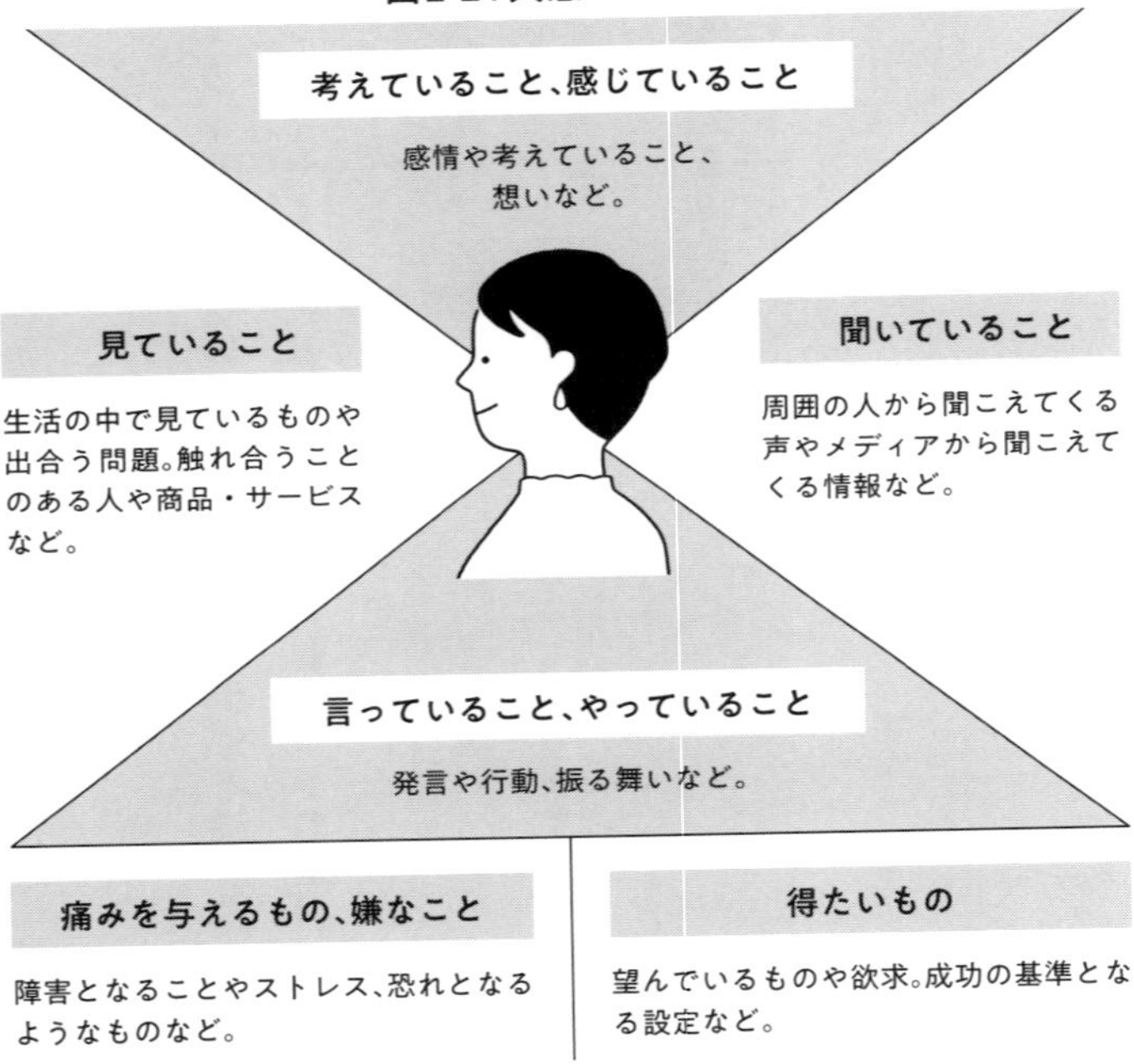

考えていること、感じていること
感情や考えていること、想いなど。
見ていること
生活の中で見ているものや出合う問題。触れ合うことのある人や商品・サービスなど。
聞いていること
周囲の人から聞こえてくる声やメディアから聞こえてくる情報など。
言っていること、やっていること
発言や行動、振る舞いなど。
痛みを与えるもの、嫌なこと
障害となることやストレス、恐れとなるようなものなど。
得たいもの
望んでいるものや欲求。成功の基準となる設定など。

「言っていること、やっていること」「痛みを与えるもの、嫌なこと」「得たいもの」を書き出しまとめていきます。

このようなユーザーから得た事実や共感を元に、潜在的欲求、つまりユーザー自身が言語化できない隠れた心理（インサイト）について、チームでディスカッションしていきます。

さらに、**「痛みを与えるもの、嫌なこと」**に注目してみましょう。ここにはたくさんの苦痛や不満、不憫《ふびん》なことが出てくるかもしれません。その中から、今回のプロジェクトテーマに沿った、自分たちが解決できる深くて広い悩みを見つけ出します。これが、定義すべき問題のきっかけにもなります。

●問題を定義する

プロジェクトのテーマを、実行可能な問題定義に変換していきます。ここまでで得られた、ユーザーの背景や、不安、不満、望んでいることやインサイトなどを、左記の○を埋めて文章でまとめてみましょう。

「○○○○（ユーザー）は、○○○○（ユーザーのニーズ）をする必要があった。なぜなら○○○○（驚くようなインサイト）のためだ」

アパレル会社での商品開発を例にご説明します。

「ある40代女性は、年齢よりも5歳下向けのファッションを選ぶ必要があった。なぜなら若く見えるからだ」

このように、ただインタビュー結果に表れた言葉や事実そのままを書くのはＮＧです。ユーザーの背景を念頭に置きながら書くと、このようになります。

「日本の会社で働く、ある40代の日本人女性は、もっと自身が生き生きと見える5歳下向けのファッションを選ぶ必要があった。なぜなら、日本は海外に比べて見た目が若いほうが重宝されやすく、若く見えないと周囲から正当に評価されにくいという社会の傾向があるからだ」

さらに「私たちはどうすれば、○○○という問題を解決できるか」「私たちはどうすれば、○○○をもっと良くすることができるか」といった内容で、問題を定義していきます。

先ほどの例ですと、「私たちはどうすれば、『若作り』ではなく、ビジネスの中で好印象に見える、40代日本人女性向けのアパレルを生み出すことができるか」というようにも定義できます。

6
デザイン思考5つのステップ③［創造］自由な発想でアイデアを出す

この工程では、**ステップ②［問題定義］**で定義した、問題の解決策となるアイデアを生み出します。ここではひとつの正しいアイデアではなく、可能性を広げるためにたくさんのアイデアを出すことを目的とします。

評価をするのはアイデアが出た後に行いますので、アイデア出しの途中で判断することは避けましょう。

チームでアイデアを数多く出し、さらに膨らませていく方法として最適な**「ブレスト」**を紹介します。ブレストとは、ブレイン・ストーミングの略で、1953年にアレックス・F・オズボーン氏の著書に登場したチームで行えるアイデア発想法です。

①アイデアを出すための準備

●チームを作る

ブレストに適した人数は3〜10名と言われています。デザイン思考を行っているチームの人数が10名を超えている場合には、グループに分けて10名以内のチームを複数作りましょう。分ける際には、似たような考えを持つ人たちで固めないように、**年齢や部門、性別やポジションなどの異なる人たちを混ぜ合わせて構成するとよい**でしょう。

●リーダーを決める

進行役となるリーダーは「ファシリテーター」とも呼ばれています。チームがうまくアイデアを出せるように**発言を促したり**、アイデア出しが停滞したときに**質問の仕方を変えて調整したり**することで、より良いブレストができるようになります。

●時間を決める

時間を制限することで、**限られた時間に集中するという意識を参加者に持たせます。**制限がないと、ついだらだらと長引いてしまうので、短い時間で頭をフル回転させて良いアイデアを一気に出します。**ここでは15〜30分に設定**して行ってみましょう。

●環境を整える

アイデアを記録できる環境を作ります。ホワイトボードを設置するか、テーブルに模造紙を広げるなどして、**みんなでアイデアを集めた1箇所を囲める状態にしましょう。**

後でアイデアとアイデアをグルーピングすることもありますので、付箋《ふせん》とペンを用意し、1つのアイデアを1枚の付箋《ふせん》に書き留めます。アイデアは声に出して全員で共有しながら、付箋《ふせん》をホワイトボードや模造紙に貼っていきます。

②アイデアを出すときのルール

●批判をしない

非現実的なアイデアを口にされると、「そんなことできるの？」「そんな予算がどこにあるの？」などと、つい言ってしまう方もいるでしょう。しかし**ブレスト中には決して批判をしてはいけません。**一見無謀に見えるアイデアも、少し視点を変えたり、他のアイデアを加えたりすることで、光り輝くイノベーションを起こす可能性だってあるのです。

あなたが納得しやすいアイデアは、結局今までと代わり映えしないものになってしまうかもしれません。そうならないように、突拍子のないアイデアが他者から出たら、同じく人を驚かせるアイデアで返す、くらいの気持ちで挑んでみてください。

●自由奔放に発想する

会社や世間の常識に囚われない奇抜で斬新なアイデアを歓迎します。一瞬テーマから逸《そ》れていると思われても、後から他のアイデアと融合させることで十分に機能するかもしれません。

あなたが常識的であればあるほど、非現実的な発言をすることに抵抗があり「こんなことを言ったら笑われてしまうかも」とつい心配になるかもしれません。そんな場合には、まず、他のメンバーから出たアイデアを大いに歓迎し、「面白いね！」と笑ってみるのもいいかもしれません。

すると「何でも提案して大丈夫なんだ」という空気が広がり、あなた自身も発言しやすくなるでしょう。**頭の中を制限や常識から解放して自由奔放に発言し、その状態をむしろ楽しんでみて**ください。

●質より量を出す

最初から「優れたひとつのアイデアを出そう」と考える必要はありません。質にこだわりすぎると、自由な発想ができず、ありきたりで無難なものしか生まれてこないかもしれません。**頭を柔らかくして、限られた時間でどれだけ数を出せるかに集中**して試してみましょう。

●人のアイデアに便乗する

数人が集まって出たアイデアに、関連した違うアイデアを組み合わせたり部分的に変えたりすることによって、新たなアイデアに発展させます。

それを繰り返すことで予想外の素晴らしいアイデアが生まれるといった効果が期待できます。**誰かが出したアイデアに積極的に「乗っかっていくこと」が、アイデアの質を高めるコツ**です。

③出されたアイデアに対する評価

定めた時間の中で出たたくさんのアイデアをまとめていきます。似たようなアイデアをグループに分け、各グループに名前をつけたり、関連性のあるグループを近くに並べ、グループ同士の関係性を矢印で書き示したりすることで、**アイデアの全体像を俯瞰《ふかん》**することができます。

ここでまとまったアイデアを評価していきます。評価の基準はプロジェクトにより様々ですが、たとえば**「最もユーザーがわくわくするのはどれか」「多くの人に驚きを与えられるものはどれか」**などがあります。それらをチームのみんなで投票していくつかに絞っていきましょう。

デザイン思考5つのステップ④

7 「プロトタイプ」具体策に近づいていく

この工程では、**ステップ③【創造】**で導き出したいくつかのアイデアを、ユーザーに実際に試してもらうための試作品（プロトタイプ）という目に見える形に変えていきます。

プロトタイプを作る前に認識しておくべきことは次のとおりです。

- **このプロトタイプで確かめたいポイント（ユーザーに試してほしいところ）は何かをあらかじめ決めておき、それが再現できるようなものに仕上げる。**
- **精度が高く完璧なものを最初から作るという考えではなく、安価でラフに素早く「試しに作る」といった気軽な気持ちで行う。**
- **作りながらさらにアイデアが浮かぶ場合、想定していたものと異なっても積極的に取**

り入れていく。

・作っている途中や作り終わってから、チーム全員からの具体的な意見をもらい、さらにアイデアを膨らませ改良してみる。

・人々が五感で感じられるものにする。

・失敗から学ぶものであることを認識し、一度試してうまくいかないからといって立ち止まるのではなく、「作っては壊し」を繰り返し、どんどん精度を高めていく。

プロトタイプはチームやユーザーと対話ができるものであれば、どのような形でも構いません。たとえば、紙とペンでアイデアの形を描いた「スケッチ」や、画用紙などを切ったり貼ったりして作る「工作」。サービスなど形のない場合、ストーリーを可視化する「紙芝居」や、商品のサイズ感を知るため「紙粘土」で形を再現するなど、表現したいものに合わせて選択するとよいでしょう。

デザイン思考のプロトタイプでは、このような簡易的な形で素早く作り、アイデアを足したり見直したりしながらトライアンドエラーを繰り返し、効率良く失敗しながら精度を上げていきます。

8 デザイン思考5つのステップ⑤
［テスト］プロトタイプをユーザーテストで検証する

この工程では、ユーザーの問題を解決するために出したアイデアが、果たして本当に解決策として機能しているのかを確認します。そのために、**ステップ④［プロトタイプ］**で作られたプロトタイプをユーザーに実際に試してもらい、フィードバックを受けます。

そこからユーザーの声を元に、**アイデアを検証することで、ユーザーに対する共感をさらに高めていく**のです。

また、ユーザーがプロトタイプを実際に見たり触ったりする中で、作った側の意図とぴったり合っている場合や、異なる見方・使い方をすることもあります。それを目にすることで、ユーザーへの理解がより深まるでしょう。

そのようなユーザーの反応を見ることで、**ステップ②［問題定義］**で定めた問題が果たして正しかったのかを見直す機会にもなります。

ユーザーテストの実施手順

①実際にプロトタイプを経験してもらう

ユーザーに、プロトタイプを作った経緯などをあらかじめ伝えておくことで、テストが円滑に進められます。しかし、プロトタイプ自体の魅力や使い方などの説明は避けましょう。ユーザーには何をしてほしいか最低限の情報だけを伝えて、プロトタイプを手渡し、**先入観のない状態で使用**して（見て）もらいます。

②ユーザーの体験する姿を観察する

作り手が推奨する使い方（見方）を伝えて意図する方法へ導くことは避け、ユーザーが自身の解釈でどのようにプロトタイプを使っているか（見ているか）を観察します。**どこで迷っているのか、作り手の思い通りに使ってくれているのか、**などをしっかり見るようにしましょう。

③体験について質問する

プロトタイプを使ってもらった（見てもらった）後、「なぜこれがうまくいったのか」「うまくいかなかったのか」「利用することでどのような気持ちになったか」など、ユーザーにとっての使い勝手の良し悪しや、感情に触れていきます。ユーザーの答えに対して、さらに「それはなぜか？」と深掘りします。

ユーザーにプロトタイプについて評価してもらうことで、ユーザーの本当の悩みや欲求が何かを確認できます。未完成のプロトタイプの考え方が正しいと判断できたときには、さらにそれを実装に向けて発展させていきます。ユーザーの悩みを解消できなかったと感じた場合は、そもそもの問題定義が間違っていたのか、アイデアに問題があるのか、などを考察し、前の工程に戻って、再度チャレンジしてみましょう。

デザイン思考では、このように**STEP①【共感】～⑤【テスト】**を必要に応じて行ったり来たりしながら、ユーザーへの共感を深めると同時に、新しい商品やサービスの精度を高め、ユーザーに寄り添った真に必要とされるものを生み出すことができるのです。

My Story

デザイン経営への道②
突　破　口

徹底的なヒアリングで現状を把握する

経営改革にあたって、問題を見つけるために現状を深く知る必要がありました。最初に行ったのはヒアリングです。

社員と向き合い、彼女らが今まで抱えてきた悩みや会社に対する不安、何に幸せを感じるか、会社がどうありたいかなど、些細《ささい》なことまで聞き取りました。

また創業者でもある当時の弊社社長にも話を聞きました。

ヒアリングの結果は、以下のようになりました。

【社員の悩み】

・この会社はどこに向かっているか分からない。
・何を目指してがんばればいいのか分からない。
・社員同士で話しづらい雰囲気がある。
・今まで社員がすぐに辞めてしまっていた。
・仕事にやりがいを感じない。

［創業者の悩み］

- **東京支社の赤字が続く。**
- **社員が十分に力を発揮していない。**
- **デザインのことは分からないので資本提携する会社に委ねるしかない。**
- **ひ孫請けであり、言い値で請け負っているので単価が低い。**
- **将来東京支社をどうすればいいのか分からない。**

そして私は、社員や創業者がヒアリングの際に口にする「こうだったらいいのに」というちょっとした言葉から、次のような未来の弊社のありたい姿を描きました。

［ありたい姿］

- **受け身ではなく提案型で、夢のある充実した仕事をしている。**
- **会社のブランド性が出て、選ばれる会社になる。**
- **社員がやりがいを感じて、生き生きと仕事をしている。**
- **社員の能力が上がり、互いに尊重し合えて力が発揮できている。**
- **それらの行動すべてが、売上につながっている。**

My Story

そして、現状とありたい姿のギャップを見つけ出し、今抱えている問題点を明確にし、夢を実現するための解決策を導き出しました。またありたい姿を設定する際に私がもっとも大切にしたのは、社員の気持ちでした。

社員がやりがいをもって楽しく働けること、充実した幸福な日々を送れること。そのための仕事であり、会社であることがブレてはいけません。すべての計画や目標は「人」を中心に。これは「デザイン」の基軸となる考え方です。

会社の現状や問題、そして将来のありたい姿も社員全員と共有し、今何をすべきかを話し合います。そして、全員で私たちの「ありたい姿」に向かって進むことを決意しました。

そのような私の意志や想いは、書類にまとめたり、ノートに手書きで描いたものをコピーして渡したり、時には社員一人ひとりに手紙を書いたり、すべて見える化し共有しました。

そうすることで、最初はばらばらだった社員が、強い志を持って、共に計画を実践してくれることになったのです。

第3章

デザインが浸透しやすい会社環境を作る

1 社員の心を動かし、巻き込む

「デザイン思考を社内で取り入れたものの、うまく活用できなかった」

「ブランディングをしたものの、効果を実感できなかった」

その原因のひとつとして、「社員のあり方」が挙げられます。たとえば、

- **社員がプロジェクトの目的や必要性を理解しておらず、意図と違うアイデアになる。**
- **社員が「やらされている」と感じ、非協力的で受け身である。**
- **社員からの積極的な提案がなく、十分に力を発揮しない。**

これらの根本的な原因は、社員ではなく会社環境の場合もあります。デザインの力を活用した経営に必要なのは、**ビジネスリーダーのデザインに対する理解と社員の力**です。もし社員のやる気が削がれているならば、その原因は「企業文化」「企業風土」「社風」にあ

図3-1：社員に影響を与えるもの

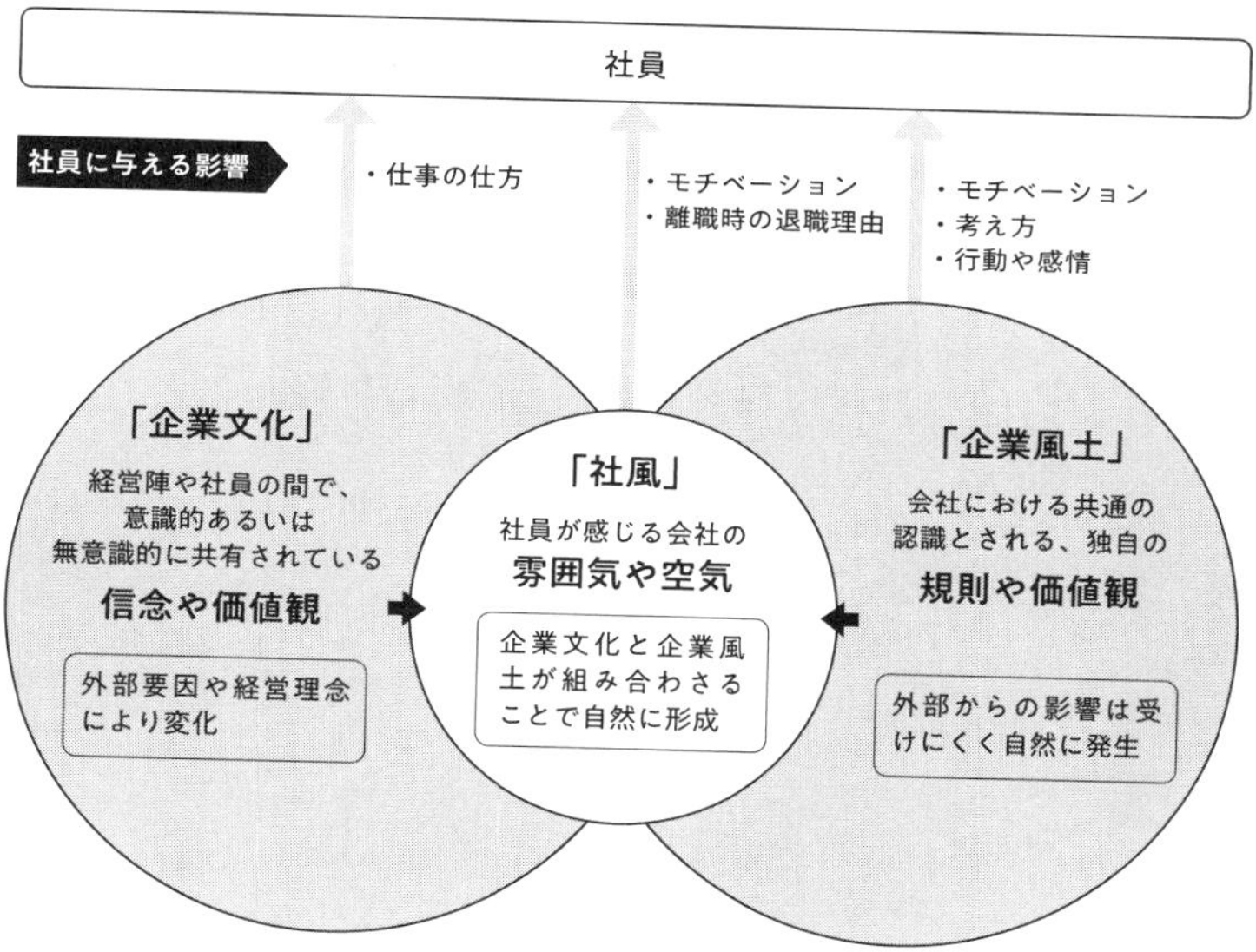
社員
社員に与える影響
・仕事の仕方
・モチベーション
・離職時の退職理由
・モチベーション
・考え方
・行動や感情
「企業文化」
経営陣や社員の間で、
意識的あるいは
無意識的に共有されている
信念や価値観
外部要因や経営理念
により変化
「社風」
社員が感じる会社の
雰囲気や空気
企業文化と企業風
土が組み合わさる
ことで自然に形成
「企業風土」
会社における共通の
認識とされる、独自の
規則や価値観
外部からの影響は受
けにくく自然に発生

ります。会社を丸ごと包み、社員に様々な影響を与えるこの3つを知ることから始めましょう（図3－1参照）。

●企業文化

経営陣や社員の間で、意識的あるいは無意識的に共有されている信念や価値観などのことを「企業文化」といいます。たとえば、「伝統を重んじ、今も昔も変わらないスタイルでいるのか、変化・挑戦し続けるのか」「トップダウンなのか、ボトムアップなのか」などが挙げられます。

企業文化は、時代や環境、競合他

社などの**外部要因や経営理念により変化**し、社員の仕事の仕方や、会社の魅力度・競争力に影響を与えます。

目に見えにくい概念なので、企業文化を重視しないビジネスリーダーもまだ多いようですが、ピーター・ドラッカーの有名な言葉に「Culture eats strategy for breakfast（企業文化は戦略に勝るほど重要だ）」とあるほど、経営において注目すべきことなのです。

イノベーションが必須要件であるといわれる近年では、まず自社の現状を把握し、その存在価値を見直そうとする動きが活発になり、企業文化が話題となりました。

●企業風土

会社における共通の認識とされる、独自の規則や価値観のことを「企業風土」といいます。たとえば、「風通しが良く、型にはまらない」「アットホームで温かみがあり、外部からの影響による変化を嫌う」などがあります。

企業風土は**外部からの影響は受けにくく自然に発生**します。それは、社員のモチベーションや考え方、行動や感情に影響を与える重要なものです。

企業風土は「人間関係」が強く影響するため、好ましくない企業風土を変えるには、ビジネスリーダーの社員への接し方と、それに伴ったルール作りが重要となります。そのためには、まずビジネスリーダーが意識改革を行う必要があります。

●社風

社員が感じる会社の雰囲気や空気のことを「社風」といいます。たとえば「コミュニケーションが取りやすい」「上下関係が顕著」などがあります。

これは**企業文化と企業風土が組み合わさることで自然に形成**されます。企業風土と同じく社員のモチベーションや、採用時の会社選びの基準、退職の際の理由にもなります。

社風は外部に示すものではなく社内で自然に浸透していくものですので、ポジティブなものだけではなくネガティブなものもあります。ビジネスリーダーが「今日から弊社は○○な社風に変えましょう」と言ったところで急に変わるものではありません。

「おいしい果実を実らせるには、良い土が必要だ」といわれるように、企業でも良い経営をするためには、それが育つ良い土壌が必要です。その土壌こそが、「企業文化」「企業風土」「社風」だと考えます。

ビジネスリーダーの皆さまは、今まで様々な経験や実績、成功体験を積み重ねて、優れた能力をお持ちでしょう。しかしその個人の力だけでは、デザインの力を活用した経営は円滑に進まない場合があります。

ある会社で「これからの時代、何が起こるか分からない。今ある事業だけに頼らず、新しい発想で次の事業を生み出そう」という方針を経営陣が打ち立てました。社員から様々な新規事業アイデアを募るため、人事部を強化しました。

ところが、その人事部のある社員から実情を聞くと、人事教育は従来通り「統率・管理しやすい右向け右の画一的な内容」で、社員の個性をできるだけ抑えようとするものでした。その方は社員の発想力や個性を養う教育に変えようと提案するのですが、他部門からの反対が著しく、簡単には変えられません。

さらにそのような状態に、経営陣は助け舟を出すでもなく見て見ぬふり。しだいに諦めにも似た感情を抱くようになりました。

このように、新しいことを生み出すという姿勢を持ちながらも、社員の個性を抑え込み、新たな意見や発想を受け入れない社風がある限りは、社員がいくら努力しても叶《かな》うはずはありません。むしろ、それを実感した社員のモチベーションは下がるばかりです。

その会社では、「新しいことをしないといけない」という気持ちはありながらも、「変化を望まない体質」を変えられず、内心会社が変わっていくことや、社員の新しい提案を収束させることに不安を持っていたのでしょう。

社内の環境を大きく変えられるのは、社員ではなくビジネスリーダーです。

次節からは、社員の心を動かし巻き込みながら、デザインの力を活用した経営に適した環境を築くための7つの準備を紹介していきます。

2 デザイン経営の準備① 社員に共感し、尊重する

社内環境の改善においては、その対象者は社員です。社員の考えを理解することで、会社が抱える問題を導き出すことができます。

社員の働く目的は、お金のため、生活のため、自身のキャリアのためなど様々です。さ

らに人生における仕事の優先順位もそれぞれで、「仕事よりも家族との時間を大切にしたい」「趣味を優先させたい」といったことも男女問わず考えられます。

多種多様な社員が様々な働き方を求めるこの時代、個々を尊重した上で会社のあり方を考えていくべきです。そのためにはまず、社員への共感力を高めることから始めましょう。

共感力を高める第一歩は、社員の気持ちに自身の気持ちを重ね合わせることです。

かつて自分が社員として上長の下についていた頃を思い出してみると、「もっと自分の力を発揮させたい」「きちんと評価されたい」「この会社で勤める意義を見つけたい」といった社員の気持ちが理解できるはずです。

また、これらの希望が叶《かな》わない環境では、社員がもどかしさや将来に対する不安を持つことにも納得できるはずです。

このように、社員の不安を過去の自分の経験と照らし合わせてみることで、共感がより深まります。しかし時代と共に社員の仕事に対する考え方が変わってきていますので、自身の価値観だけを信じ、決めつけるのは避けるべきです。

ビジネスリーダーの皆さまは「社員や部下は自分よりも下」と見てはいませんか？　あるいは、無意識にそうした態度を取っていることはないでしょうか？

その気持ちや態度は社員に伝わり、その時点で社員はあなたに対して「認められていない」と壁を作ってしまいます。立場が上だからといって、必ずしも社員よりもビジネスリーダーのほうが、何においても優れているとはいえません。

ある場面では社員のほうが優れた面を持っていることや、自分ひとりの力には限界があり、社員の力が必要だという認識を持つべきです。

私が経営する会社を例にご説明します。

私は日頃から、社員に尊敬の念を持って接しています。自分より経験が浅く実績が少ない社員でも、必ず得意なことはあります。一見それが感じられなくても、日々観察し話をすることで、「私よりもすごい」点を見つけ出せるのです。

それは業務的なことだけではありません。たとえば、

・どんな時にも笑顔を絶やさず、話しているととても良い気分にさせてくれる（忙しさな

どを理由に自分の機嫌を前に出さずに、みんなが話しやすい環境を作ってくれている)。

- **ミスをした後も反省はすれども立ち直りが早い(常に挑戦し失敗を生かして成功につなげる前向きな性格)。**
- **会社の観葉植物の水やりを工夫してうまく育ててくれる(地道に努力し、必ず目標を達成する底力がある)。**

など、何げない一面にも魅力が隠されています。

このような自分にない長所を持つ社員に囲まれ、支えられて会社を経営しているのだといつも実感しています。

社員の力を評価し、感謝の気持ちや敬意を持った上で接すれば、自ずとそれが発言や態度にも表れ、その気持ちは社員へと伝わります。すると、相手も壁を作ることなく様々な話をしてくれますし、きっと皆さまの悩みに対して大きな力を貸してくれるはずです。

3 デザイン経営の準備②「問題の原因は自分」と考える

「こんなに良い商品があるのに、なぜ売れないのか」

「社員はなぜ自分の思うように動いてくれないのか」

このような、社員に打ち明けられない悩みをひとりで抱え、悶々《もんもん》と過ごすビジネスリーダーも多いのではないでしょうか。

よく見られるビジネスリーダーの悩みは次のとおりです。

①売上が伸びない
②顧客から安さとスピードを要求される
③商品開発力が低い
④運転資金不足、資金繰りができない
⑤社員は提案力が弱く、言われたことしかしない
⑥社員の定着率が低い

⑦チームワークが悪い

⑧社員とのコミュニケーションが取れない

①～④は利益に直結する悩みです。しかしそれらの解決策を考える前に、まず⑤～⑧の社員の問題と向き合うべきです。なぜなら、①～④の悩みを解決へと導くには、社員の力が必要だからです。

悩みの原因を、社員や時代、環境・景気のせいにばかりしていても、なかなか解決策は生まれません。

そこで、このような考え方があります。

「すべての原因は自分にある」

たとえば「社員が動かない」「提案力が弱い」と感じられるのであれば、そのような教育や提案しやすい環境をビジネスリーダーが築いてこなかったと捉える考え方です。

過去の経営スタイルでの成功体験では通用しない時代です。嘆く前に、自分に原因があると考え、自らが変わることができれば、解決への糸口が見つかるはずです。そして、周りは必ず理解・共感を示し、共に良い方向へと変われるでしょう。

ここで、⑤～⑧に対する社員の言い分をクローズアップしてみましょう。以下の［社員の言い分］は、過去に私が取引してきた会社の社員の声をまとめたものです。

⑤社員は提案力が弱く、言われたことしかしない

［社員の言い分］

上司に話を聞いてもらえない。話しても否定される。余計なことをしなくていいという雰囲気がある。逆にやっかみを受ける。提案したからといって評価される訳でもない。

［ビジネスリーダーへの問いかけ］

- **社員の意見を聴く場を作っていますか？**
- **提案を受け入れ、真剣に検討する場はありますか？**
- **社員の姿勢や提案を正しく評価していますか？**

⑥社員の定着率が低い

【社員の言い分】

会社の将来が見えない。会社の雰囲気が悪いため長くここにいたくない。何のためにここで働いているのかが分からない。仕事に魅力を感じない。成長している気がしない。

【ビジネスリーダーへの問いかけ】

・会社が向かう先を示していますか？
・社員が長く勤めたいと思える会社の魅力はありますか？
・この会社にいることの意義を示していますか？

⑦チームワークが悪い

【社員の言い分】

他の人を助けたところで評価される訳ではない。社員同士や部門間が敵対している。プロジェクトの目的が分からない。人と人とのつながりが薄い。

【ビジネスリーダーへの問いかけ】

・チーム力を評価していますか？
・社員同士や部門間が理解し合えるコミュニケーションの場を作っていますか？
・プロジェクトの目的を示し、全員で共有できていますか？

⑧社員とのコミュニケーションが取れない

【社員の言い分】

経営層との距離が遠すぎて言葉を交わす機会もない。何を考えているのか分からない。挨拶《あいさつ》をしても返答してくれない。言っていることと行動がかけ離れているので信頼しにくい。

【ビジネスリーダーへの問いかけ】
・ビジネスリーダーと社員とのコミュニケーションの場を作っていますか？
・社員の意見を聞き入れやすい雰囲気を作っていますか？
・あなたの考えを社員に明示し、ご自身がそれに伴った行動をしていますか？

このように、ご自身の悩みを社員の悩みに変換することで、改善すべき点が見えてきます。

「社内で起こった問題の根本的な原因を作ったのは自分」

私自身が経営するにあたってこのような姿勢を持っていると、不思議なことに社員も同じような意識を持つようになりました。

取引先や社内でトラブルがあった場合、人のせいにするのではなく「原因は自分にあるのではないか」という仮説のもと、**自分自身の行動や提案内容を改善することで解決へ導こうという姿**が見られるようになったのです。

そうすることで一人ひとりが成長していきます。ビジネスリーダーの意識が変われば、確実に社員も変わるのです。

4 デザイン経営の準備③ 社員の声を聴く

デザインを経営に生かしやすい環境を作るには、社員の話をよく聴いて、本当の気持ちを知らなくてはなりません。その際に必要なのが「傾聴力」です。

傾聴とは、相手の言葉をそのまま受け取るのではなく、**顔色や声のトーンの変化などから、言葉には表れない真の心を読み取り、相手の本当の気持ちを知る**ことです。また、傾聴は社内の問題を見つけ出すことにも有効です。

「社員の真の悩みを知る」「社員の魅力や強みを理解する」ためには、傾聴力を活用しながら社員をヒアリングしていきます。その際の6つのポイントを紹介します。

①対面で行う

今はメールやメッセージアプリなど様々なコミュニケーションツールを活用している会社が増えています。

しかし、**文章だけでは感情が十分に表現できず**、場合によっては意図しない受け取り方、受け取られ方になり、誤解が生じることもあります。正しく相手のことを知るには、対面での場を作ることが一番です。簡単には会えない状態の場合、オンライン会議サービスなどを利用するとよいでしょう。

②目的を伝える

テーマがある場合には、何について話を聞きたいのかをあらかじめ伝えます。**目的が分からないと、社員は質問の意図がつかめず答えに迷う**こともあります。

また特に目的がないちょっとした会話でも、それをひとつの機会と捉えて、相手が話したそうなことや興味を持っていることなどについて深く掘り下げていくと、思ってもいなかった社員の悩みや欲求を引き出せる場合があります。

③話を聴きたいという姿勢を示す

「当たり前のこと」と認識していてもつい怠ってしまうのが、**目を見て話し、聴くこと**です。**相づち**も忘れずに打ちましょう。

もしもあなたが誰かに話をするときに、下を向かれていたり、反応がなかったりしたらどうでしょうか。「この人は自分の話を聴いてくれているのか」「自分に興味がないのでは」と心配になりませんか？　きちんと聴いているつもりでも、表面的にそれを表さないと、相手を不安にさせてしまいます。

④聴くことに徹する

ビジネスリーダーの言葉には強い力があります。それだけに社員にとっては時に「圧力」と感じられ、質問に正しく答えられないことや、思ったことを素直に話せなくなる要因にもなります。

社員の話に耳を傾ける際には、**「否定しない」「話の最中に自分の考えを割り込ませない」「自分の考えに寄せるように促さない」**ということを徹底すべきです。

⑤話が膨らむ的確な質問をする

「④聴くことに徹する」といっても、ただ相づちを打つということではありません。最初の質問を投げかけることはもちろんですが、さらに**話が広がる質問をする**必要があります。

「それはどういうこと？」「その時どう思ったの？」「それをするとどうなると思う？」など、会話を膨らませることで、さらに深く社員の考えを引き出せます。

⑥言葉に表れない感情を読み取る

傾聴力と合わせて**「観察力」**も使うことで、相手の表情や声のトーン、感情の切り替わりから、言葉に表れない感情を読み取ります。

たとえば、相手が「分かりました」と言っても、笑みが消えた、言葉に詰まったなどの変化が見られたら、「納得していない」サインかもしれません。それを見逃さず**「何か引っ掛かったことがあったら教えて」「他にもいい考えがある？」**といった具合に、**真の気持ちを引き出す**ように話を続けます。

他にも会社に対する不満など、社員が話しづらい内容を聴き出さないといけないときには、**匿名でのアンケート**を取るのも効果的です。

会社を否定するような回答に目を向けることは、いくら書面であってもビジネスリーダーにとっては辛いものです。しかし、それも知らないと十分な検討・改善はできませんから、ビジネスリーダーは真摯に受け止めなくてはなりません。

社員の会社に対する不満は、決してネガティブなことではありません。この会社にいたいと思うからこそ、改善してほしいと願っているのです。

ヒアリングやアンケートを実施して社員の声に耳を傾けることは、次のようなメリットがあります。

●ビジネスリーダーと社員のコミュニケーションが深まる

社員の価値観を知り共感できれば、今まで不満に感じていた社員に対しても見る目が変わり、日頃の業務の中での**コミュニケーションエラーを回避しやすくなります。**

社員もビジネスリーダーに対しての心理的な距離が縮まり、経営にも関心が向いて、**会社の問題を自分の問題と捉えられる**可能性が高まります。

●社内改善や改革につながる

社員の提案は実績が高いビジネスリーダーの目からすると、まだまだ甘い点も多いでしょう。しかし、**ビジネスリーダーの過去の成功例と違っても、時代のニーズに合った素**

晴らしい提案であるかもしれません。

提案は大前提として受け入れた上で、リアルに実現できるか、実施すべきかをしっかり検討し、採用する場合にはその社員を中心に具体策を考案させ、実現へと導きましょう。

●社内の真の問題を把握できる

社員の考えや悩みを知らないままでは、社内（現場）で何が起こっているのかが見えない場合があります。結果や表面的なことだけを捉えて様々な対策を講じても、誰のためにもなっていない見当はずれなものになる恐れもあります。

社員と向き合い悩みを引き出すことで、**会社に必要な真の問題が見え、正しい改善策を練ることができます。**

傾聴力を身につけ、目の前にいる社員の真の悩みや会社が抱える現在の本当の問題を発見し、解決策を導き出しましょう。

5 デザイン経営の準備④ 社員の自主性を養う

社員の力を引き出し、伸ばすためには、自主性を養うことが必要です。

自主性とは、社員が自らの意思を持って行動し、ビジネスリーダーがそれを受け入れ、さらにリードしていけるようになること。そのためのキーワードが、組織における意思決定の方法である「トップダウン」と「ボトムアップ」です。

トップダウンとは企業経営において、経営者や経営幹部が意思決定を行い、その内容に基づいて社員が行動することです。**ボトムアップとは、現場の社員などから上がってきた提案を基にして、経営者や経営幹部が意思決定を行っていくこと**です。

まずはそれぞれのメリットとデメリットを見ていきます。

●トップダウンのメリット

経営層の意思を社員にストレートに伝えられます。トップが即断即決することで、**好機**

を逃すことなく、より早く新しい商品やサービスを市場に投入することができます。

このスピード感は日々変化するビジネス環境の中では重要なメリットです。

●トップダウンのデメリット

社員との信頼関係が薄い場合、社員は「経営層からの一方的な指示や命令で働かされている」と感じてしまいます。そのため、**モチベーションが低下し、反発が生まれやすくなります。**一見うまく動いているように見えていても、実は社員の我慢の上に成り立っているということもあります。

また、経営層が具体的な手法まで示してしまうと、**社員は指示待ちが常態となり、**自分で考えて行動することがなくなります。

●ボトムアップのメリット

現場で働く社員だからこそ出てくる提案は、社員や顧客の声を反映しているため、**本当に改善すべき問題をすくい上げやすくなります。**

さらには、社員自らが考えて行動ができることから、仕事に対する**誇りと責任感**が生まれ、**モチベーションが上がる**という良いスパイラルが生まれます。

●ボトムアップのデメリット

社員同士で話し合うため、なかなか**着地点が見つけられません**し、自部門のことだけを考えた**部分的な提案内容**になりがちです。

現場の提案から最終承認までにいくつものプロセスを経なくてはならない場合、承認が下りる頃には、魅力的なアイデアも時代遅れになる恐れがあります。

また、新たな取り組みや投資が必要な大規模な提案に対しては、**社員だけでは判断できない**ことも多いです。

以上のことから、社員の自主性を養うためには**トップダウンとボトムアップの使い分けや、バランスを図る**必要があります。

ここで、社員と共にひとつのプロジェクトを進める場合を例に挙げ、手順を紹介します(図3－2参照)。

図3-2：プロジェクトの意思決定

STEP 1★ 指示【トップダウン】

会社の方針やプロジェクトの意図・目的を経営層が明確に示した上で、社員からの提案を求めます。社員の力を尊重するとはいえ、**決して社員に丸投げで責任を放棄してはいけません。**

STEP 2★ 提案【ボトムアップ】

現場に近い社員の声や提案は、特にしっかり拾います。社員には、会社の向かう先やプロジェクトの目的などを十分理解した上で、自部門だけのことを考えた部分的なものではなく、**会社全体が良い方向に進むような提案を求めます。**

STEP 3★ 判断【トップダウン】

最終判断や選択は経営層が責任を持って行います。経営層の過去の経験や会社の都合に合わせて調整を命じると、せっかく現場で練ったオリジナリティーのある案も、ごく当たり前のものになってしまう恐れがあります。
社員の話をしっかりと聞き、経営的な視点を取り入れ判断することで、**提案の独自性を生かしたまま、社員の参加意識を高めた状態で次の段階に進む**ことができます。

STEP 4★実践［ボトムアップ］

社員の腕の見せどころです。**提案内容の精度を上げて具体的な策に落とし込み、実践**していきます。

経営層は過去の経験や成功例から最適な方法を見出せるかもしれませんが、それがすべてではないと認識し、ここでは**社員を信頼して仕事を任せます**。社員の考え方を十分尊重しながら軌道修正が必要であれば助言します。

STEP 5★フォロー［経営層・社員全員］

役職問わず、互いにフォローし合います。実践する中で予定通りにいかないことや、思うようにならない場合、実践している社員は焦りを感じるかもしれません。モチベーションを下げず、せっかくの企画が頓挫することのないよう、**全社一丸となって励まし意見し**

合いながら取り組みます。

少しうまくいかなかったからといって、承認した経営層が後から否定的なことを言うと社員のモチベーションが一気に下がるので、避けましょう。

経営層や社員が互いに意思決定を支え合うことで、連帯感や意思疎通ができ、互いを全力で支えていく空気が生まれます。**社員が自主性を持ち、経営層と信頼し合って、同じ目的に向かって力を注ぐ**ことが、プロジェクト成功への近道となるのです。

6 デザイン経営の準備⑤ 人と人、部門間の壁を取り払う

デザインの力を発揮できるのは、社内の雰囲気が閉鎖的ではなく開放感があり、**社員の個性を生かせる創造性豊かな環境**です。

多くの日本企業に存在する機能部門別の組織構造を、部門を越えた横断型のチームに切

り替え、社内一丸となり問題解決を行っていく必要があります。

部門や社員を隔てる壁を放置していると、コミュニケーションエラーが起こり、「デザイン思考」や「ブランディング」などにおいて発想を引き出せないばかりか、やがて社外にも悪影響を及ぼします。

部門間の壁を取り払うためにビジネスリーダーがすべきことは、次の4つです。

①経営理念やビジョンを示す

部門内だけの都合に囚われてしまうのは、考えがそこにしか及んでいないからです。ビジネスリーダーが会社の経営理念やビジョンを周知させれば、**社員は部門だけではなく会社全体のゴールが理解できます。**さらには、部門間で連携を図り、会社全体の大きな目標を達成していこうと、視野が広がります。

②対面でのコミュニケーション

前述した「社員の声を聴く（109頁参照）」のように、直接対話する機会や、グループでのディスカッションの場を定期的に設けることで、**社員は互いに意見を交わすことがで**

きるのだという実感が持てます。

社員はビジネスリーダーの考えを知ることができ、その中で自身がどうありたいかを考えるきっかけにもなります。

③部門それぞれの業務の重要性を伝える

部門間の業務内容は違えども、ひとつの会社で取り組んでいることであれば、必ず連動しているはずです。互いに尊重し合うべきであり、必要な存在であることを、次世代リーダーの研修や個別でのディスカッションを行い、説いていきます。

会社に人と人、部門間の強固な壁が立ちはだかっている場合、放置しておくと平行線のまま続きます。**信頼関係が生まれないと、ただ仲が悪いだけでは済まず、顧客へ最高の商品やサービスを届けることもできなくなります。**

壁を取り払い、社員同士が尊重し合える環境を作ることは容易ではありませんが、具体的な解決策を講じ、ひとつずつ取り組んでいくことで必ず改善へと向かいます。ぜひ周りの人を巻き込んで行ってみてください。

7 デザイン経営の準備⑥ 経営理念を明確にする

経営理念は経営の道しるべで、ブランド作りにも重要な要素となるため企業の大小問わずに必要です。

デザインの力を活用した経営を行うにあたって、経営理念がなければ作り、すでにある場合は、果たしてそれが今の自社や時代に合ったものなのかについて考えてみましょう。

経営理念の基盤となる要素は、次の4つです（図3－3参照）。

● Mission（使命・存在意義）

「自社が何者であるのか」「何を果たすために存在するのか」「誰のために会社はあるのか」といった**社会における存在意義**を示します。**経営者が明確に示す**ことで、社員が自分たちの使命として受け止められるようになります。

図3-3：経営理念の基盤

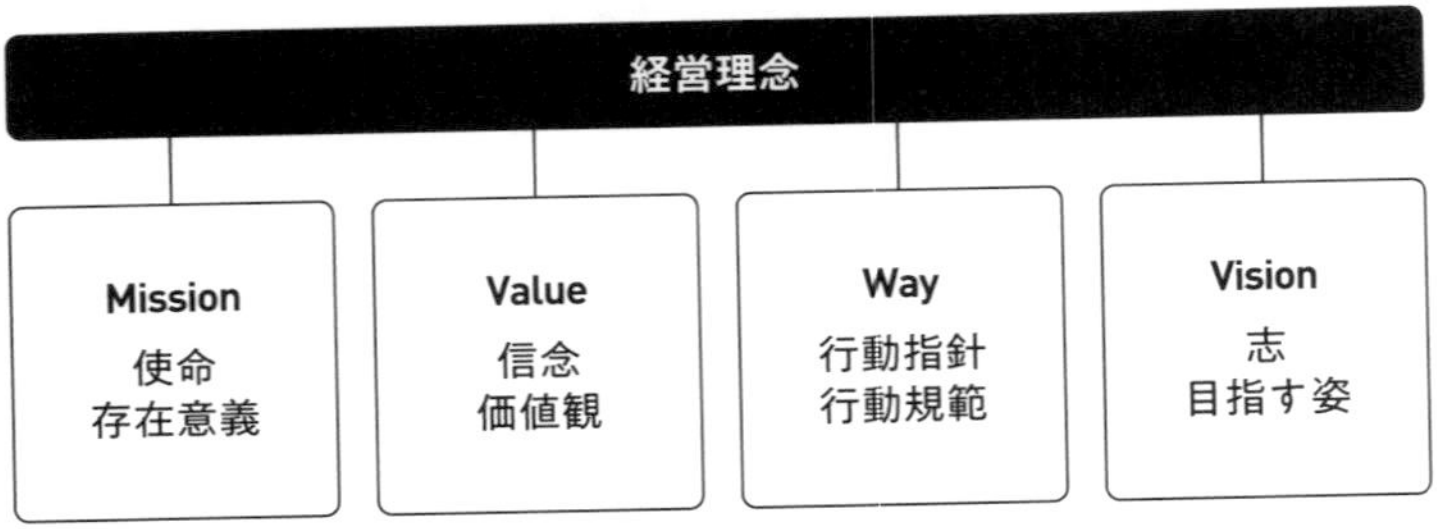

●Value（信念・価値観）

Missionを体現するために、大切なことや正しいと信じる考えであり、善・悪、好ましいこと・好ましくないこと、などの価値を判断する際の基盤となります。**企業活動においての判断基準や価値観を決めるもの**となります。

●Way（行動指針・行動規範）

Missionを体現するために、**Valueに基づきどのような行動を取っていくか**を具体的に示したものです。

●Vision（志・目指す姿）

事業を通してどのような未来を作ることで社会に貢献していくか、将来このような会社でありたいという姿を具体的に描きます。社員や顧客などに対して、**自社が向かう方向性**を示すことができます。

これら4つの要素を意識しながら、経営理念を作っていきます。
以下に、経営理念はどのように作るか、どうあるべきかについてご説明します。

①経営者が自身のことを知る

会社の軸となるのは、経営者の信念や想いです。それこそが、他社との差別化要因となります。ご自身のことを理解するのが難しいという場合には、自分自身を棚卸しすることをお勧めします。

生まれたときから学生時代、さらに社会人になってからの出来事や想いなどを振り返ることで、昔から持っていた自分のこだわりや信念が見えてきます。「子どもの頃のことを振り返っても……」と半信半疑になる方がいるかもしれませんが、自身の価値観を知る最適な方法です。

②会社の歴史を振り返る

創業当時に立ち戻り、その時の**経営者自身の熱い想いや、現在までの変遷《へんせん》について振り返ります。**そして、経営理念につながる大切なワードを引き出していきましょう。

会社を引き継いだ方は、創業者や前任の経営者の話を直接聞くことで、過去の「残すべき想い」と「捨てるべき想い」を選別することができます。

③会社を取り巻く人を思う

経営理念は、**社員や顧客、そして社会の人々が納得するものを目指すべき**です。デザインの考え方と同じく、企業の中心にあるのも「人」と捉えます。人を通して正しいあり方を示し、人が幸せになれる夢を描きます。

そのために社員の話を聞いてみるのもひとつの方法です。社員にとっての幸せとは何か、魅力的な会社とは何か。それがヒントになることもあります。

④言葉にして紙に書く

現状を見つめ、これから先の夢や未来、信念や想いなどをペンと紙を用意して、まずは書いてみることです。**最初は単語やメモ程度でも構いません。**そこから少しずつ文章に変換していきます。そして精度を高め、どんな人にも伝わりやすい言葉で示してみましょう。

文章が苦手で思うように言葉にならない場合は、ここまでの想いをプロのライターに伝え、ライティングしてもらうのもよいでしょう。最終的に「共感を呼ぶ経営理念」であることを目指します。

経営理念を明確にすることで、次のようなメリットが期待できます。

［社内的なメリット］

- 経営戦略の方向性や判断基準が明確になり、経営において迷うことがなくなる。
- 社員が業務で指示がなくても意思決定でき、自社らしい正しい判断ができる。
- 社員自身が所属する部門の考えに偏ることなく、会社の全体像をイメージできる。
- 全員で共有する夢に向かって、今自分が何をすべきかが分かる。
- 社員は自社で働く意義を感じられる。
- 社内に一体感が生まれ、チームワークが向上し、全社で自社らしさを醸成できる。
- 社員は「何を求められているか」がより具体的に理解でき、経営陣との強固な信頼関係を築くことができる。

［社外的なメリット］

・企業のイメージが明確になることで、顧客や提携先との信頼関係が構築できる。

・経営理念に共感してもらうことができれば、ファンが増える。

・企業の独自性が高まり、企業間の競争力が高まる。

・採用において、企業が求めている人物像が理解されやすくなり、経営理念に共感した優秀な人材を得ることができる。

さらに経営理念が社内で浸透することにより、意図的には変えることのできなかった「企業文化」「企業風土」「社風」がより良いものへと変化していきます。

8　デザイン経営の準備⑦　経営理念を社内に浸透させる

経営理念ができたら、次に行うのはそれを浸透させることです。「今日から経営理念はこのように変わります」と発表したところで、そう簡単に社員の心に響きませんし、理解や定着は望めません。

ただ伝えるのではなく、浸透させるための４つの方法をお伝えします。

①経営理念誕生までのストーリーを伝える

経営理念を伝えるときは、**「なぜ今経営理念を変えようと思ったのか」「そこにどんな想いが込められているのか」「社員にどのようになってほしいと願っているのか」**など、その理念にたどり着くまでの様々なストーリーも語ってください。

うまく話すことができなくても、そこに想いが込もっていれば、社員の心に届くはずです。

②社員が経営理念に触れる機会を作る

次のような様々な「ツール」や「場」を作って、社員が経営理念を目にする機会を増やします。

- **経営理念をまとめたブランドブックや社内報、携帯できるカードなどを作る。**
- **会社や社内専用のホームページやアプリなどに掲載する。**

- **社内イベントなどを開催し、直接伝える。**
- **経営理念についての理解を深める研修を開く。**

他にも、自社の習慣に適したツールや機会を設けられるとよいでしょう。

③経営者自身が経営理念を体現する

経営理念を叶《かな》えるための行動や発言を、経営者自身が体現しましょう。その姿を社員が目にすることで、経営者の強い想いが伝わり、社員にも広がっていきます。

逆に発言と行動が異なってしまうと、不信感につながります。「それほど社長は本気ではないのだな」と社員に見抜かれ、みるみる経営理念は形骸化してしまいます。

④経営理念の体現を評価する制度を作る

評価制度は通常、能力や成績を評価しますが、その中に経営理念を反映した評価項目を加えます。そうすることで、**社員は日々経営理念を意識することができます。**

経営理念の体現といっても、抽象的な言葉では目標が漠然としてしまいます。経営理念の中に示されている**行動指針や行動規範**などの具体的な内容を盛り込むと、実践しやすくなります。

以上を参考に、自社でより効果的と思われるものや、さらに自社に合った内容になる工夫をしてみてください。

「デザイン経営の準備①～⑦」の取り組みを行うことで、デザイン経営に必要な環境が整います。そして「社員はビジネスリーダーへの理解を深め一丸となって問題解決に取り組める」「同じ夢を持って共に目的地に向かえる」「苦しみも喜びも分かち合える」などが期待できます。

ビジネスリーダーの揺るぎない想いを軸とし、社員がいきいきと働けるようになるはずです。それにより、デザインの力を活用した経営の理想的な基盤作りが叶《かな》います。

営業改革

売上を確保して、次なるステップへ

目指すべき姿に向かって、最初の1年間でやるべきこと。それは、「東京支社を維持するために、どんな悪い条件の仕事でも請け負って、売上を回復させること」。それと同時進行で「会社の価値が上がるような施策を考えて、その準備をすること」でした。

弊社の社員は当時5名。人も時間もお金もありませんでしたが、前に進まない訳にはいきません。そこで、若手プロデューサーたちと3人で営業をすることにしました。

しかし、プロデューサーには営業経験がほぼない上に、会社のブランド性も皆無です。親しい経営コンサルタントを呼び、若手プロデューサーたちに営業ノウハウを勉強してもらった後、私たちはがむしゃらに営業活動を行いました。

その結果、実績と売上を少しずつ増やしていくことができたのです。短納期や低価格の仕事も多く、案件に追われる毎日の中、社員と夕食をとりながら作戦会議をしたり、互いのアイデアを持ち寄ったりしながら議論を重ねていき、

My Story

さらなる成長を目指しました。

アイデアは、今までの会社の常識をくつがえすようなものもありました。

たとえば、当時の大阪本社の売りは「社内にイラストレーターが在籍していること」でした。

アピールポイントは「対応面で融通が効く（多少無理なスケジュールや予算でも何とかする）」こと。しかし、これでは社員の体力は持ちませんし、果たして顧客は早くて安いものを望んでいるのだろうか。そんな疑問も浮かんできます。

その時点で創業から22年経っていた弊社は、実は１００名ほどのフリーランスのイラストレーターとのつながりがありました。しかし、「社内イラストレーター」を売りにしているため、彼らの存在を決して前に出すことはできませんでした。

そこで私は、顧客の考えをリサーチすべく動き出します。費用をかけた調査などは行えませんでしたので、親しくしている顧客をお食事に誘い、何げない会話から、顧客の仕事スタイルやこだわり、弊社に求めていることを聞き出すことにしました。

その結果、顧客にとっては、弊社のイラストレーターが社内であろうが社外であろうが関係ないことが分かりました。安いに越したことはないようですが、それよりも満足できる高クオリティーなイラストを求めていたのです。

それを機に私たちは、外部ブレーンの存在を表に出し、彼らの個性豊かなタッチや、数多くのイラストレーターをディレクションできることを強みにしていきました。

数年後には、安さと早さだけを弊社の価値と捉えていた顧客は徐々に離れ、代わりに費用が高くても、高クオリティーを求める顧客が増えることになるのです。

このように、会社のこだわりや常識だったことでも、顧客にとって不要なものは切り落としていきました。

当時は、経済的に大きなリスクを伴うことは行いませんでした。ちょっとしたダメージでも会社が傾くほど、経営体力が十分ではなかったからです。

ですから、その時々の売上の様子などを見ながら、少ないリスクで小さな期待ができるものを実際にやってみて、そぐわないと思ったらすぐにやめ、やる

My Story

価値があるものは改善を重ねながら続けていきました。

「現状を維持しながらも、同時に次のビジョンに向けてジャブを打つ」といった1年間でした。この1年のおかげで実績を積み重ねられ、会社を維持できる程度に売上も増え、次のアイデアを試せる基盤作りができたのです。

第4章

ブランディングで価値を築き、選ばれる会社へ

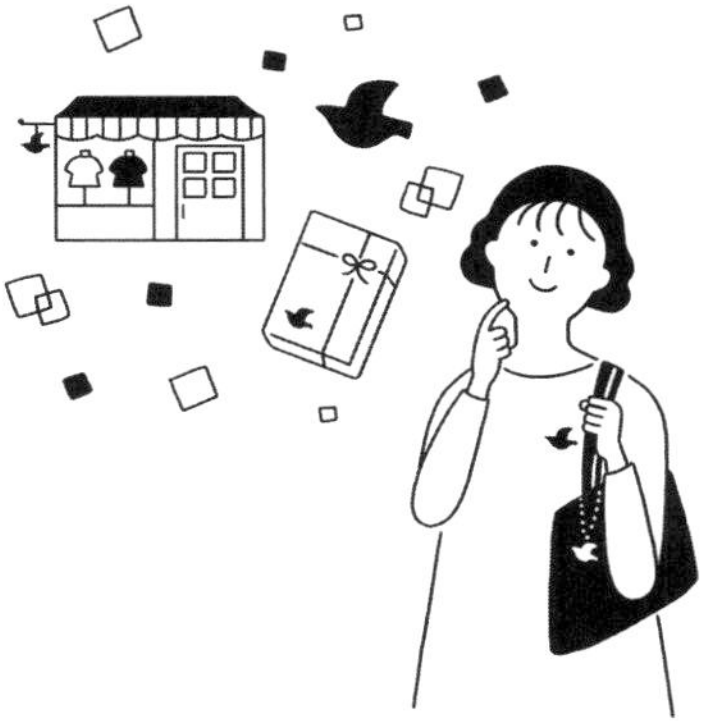

1 価値が伝われば評価は上がる

ここからは、価値を作るブランディングについて見ていきます。

ブランドとは**「企業や商品・サービスを識別させた、顧客が抱く共通のイメージであり、無形の価値」**、ブランディングとは**「自社ブランドを市場に根づかせ、顧客に感情移入を促していく広告宣伝やＰＲの活動」**です（図４－１参照）。

ブランディングは、競合他社との同質化を防ぐため、企業の大小や、ＢtoＢ（企業間取引）・ＢtoＣ（企業と個人の取引）問わず重要視されている経営戦略のひとつです。

ここで、あなたの企業や既存の商品・サービスについて、振り返ってみてください。

あなたが思う理想的なブランドイメージと顧客が持つイメージは、同じであるといえるでしょうか？　自社の魅力を十分に伝えきれていない、何かギャップを感じるといったことはありませんか？

そう思われた方は、ブランドイメージを見直す必要があります。

図4-1：ブランドとブランディング

まず、「企業ブランディング」「商品・サービスブランディング」のそれぞれの意味や、強いブランドになったときに得られるメリットを見ていきます。

●企業ブランディングとは

「企業ブランディング」とは、**「企業が存在する社会目的」や「そこに向かう一貫した姿勢」を明確に示すこと**です。対象は、社員、社会、顧客、行政、取引先、株主などのステークホルダーとなります。

ステークホルダーが関心を示すのは、自社が商品やサービスを通して、どのような社会を作り上げるのかといった社会的イ

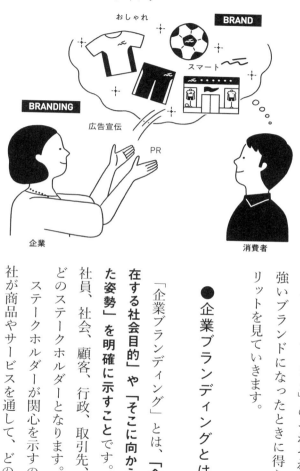

メージです。企業ブランディングでは企業側がステークホルダーに感情移入を促し、ファンになってもらう取り組みを行っていきます。

商品やサービスのブランディングと比べて、価値観、社員、文化、伝統、企業風土や強みなど、多くの要素から構成されるため差別化が図りやすいと言われています。

強い企業ブランドを得られると、次のような5つのメリットがあります。

①企業の揺るぎない意思が信頼を生む

企業のありたい姿が明文化され、社員を含むすべてのステークホルダーに浸透することで、**自社内の意思統一が図れます。**

それにより、ぶれることのない**企業らしさが顧客に伝わり、信頼につながります。**ポジティブなブランドであれば、社員が誇りを持て、モチベーションが高まります。

②商品やサービスを選ぶ後押しになる

顧客が商品やサービスを比較検討するとき、まず思い出すのは企業のイメージです。競合他社よりも**「より自分にメリットをもたらす」「社会的に意義を感じる」**などと思った場合に、自社の商品やサービスが選ばれます。

③優秀な人材が集まりやすく、留まりやすくなる

働く人たちが就職先を決めるときの判断基準として、財務状況、理念やビジョン、事業や仕事内容、社員、風土、条件面などがあります。

企業ブランドが強くポジティブであれば、**応募者に選ばれる可能性が高くなる**ため、人材採用がしやすくなり、採用活動の効率化が図れます。すでにいる社員はその会社に誇りを持て、満足度が高まれば**離職率が下がります。**

④発展的な継続が可能な会社になる

企業に対する魅力や期待が高まれば信頼につながり、社員や顧客はもちろん、**ビジネスパートナーからも選ばれる会社となります。**

金融関係のアナリストは、企業の競争力に影響を与え、財務諸表上では見えない資産であるブランドに注目しています。そのことから、銀行や投資家からの資金調達がしやすくなるなどの効果も期待できます。

⑤商品・サービスのブランディングにも良い影響を与える

企業ブランディングでステークホルダーと良い関係を築き上げることができれば、その企業が生み出す商品やサービスに対しても、信頼や安心が生まれます。

そのため、**「この企業のものだから、きっと信頼、安心できるものに違いない」**といった良い影響をあらかじめ与えることができます。

●商品・サービスブランディングとは

「商品・サービスブランディング」とは、**顧客が感じる「機能的価値」と「情緒的価値」**を合わせたもので、顧客を対象にブランディングを行うことです。顧客は「機能的価値」すなわち機能性や品質、コストだけでは商品やサービスを選びません。そこで、感性に訴えかけ顧客に好まれるような「情緒的価値」が重要になってきます。

機能的価値と情緒的価値を生み出し、強いブランドにすることで、次のような5つのメリットが生まれます。

①独自性により自社製品が選ばれるようになる

「良いイメージを浮かび上がらせる」ことによって独自性が高まれば、顧客がファンになります。**満足してリピートしてくれる**ことにより、長期にわたってブランドを購入し続けてもらえる可能性が高まり、次の商品やサービスを放つとき、すでにファンがいることから**「指名買い」**にもつながります。

②価格競争に巻き込まれない

同質化した商品やサービスの中では、価格勝負になる恐れもあります。ブランディングに成功すれば、自社の商品やサービスの「らしさ」が構築され、**他社と差別化できる**ことで、価格競争に巻き込まれず利益獲得に有効な価格設定を行うことができます。

③顧客の発信からさらに新しい顧客が生まれる

顧客にとって良いイメージの商品やサービスは、友人や他の人々へ広めたくなるものです。**SNSなどでの情報拡散**など、自社だけではなく顧客が賛同し、自主的に行ってくれる可能性が高まります。

④取引が有利になる

ブランド力があり多くのファンがついている、あるいはファンがつくことが期待できる商品やサービスであれば、取引先である販売店などからは「仕入れたい」と感じてもらいやすくなり、**高値での取引ができる可能性が高まります**。また高い評価のブランドを取引していることが実績にもなるため、良好な関係が築きやすくなります。

⑤コストが削減できる

強いブランドを確立するまでには、時間やお金がかかります。しかしファンがついたその先には、**最小限の宣伝で商品やサービスを購入してくれることが期待でき**、広告宣伝費の縮小も図れます。

ブランディングを行い、企業や商品・サービスを強いブランドにすることによって、**「売上と顧客満足度の向上」**を叶《かな》えることができるのです。

2 「企業ブランディング」と「商品・サービスブランディング」の相乗効果

皆さんは、このような経験はありませんか?

「商品名は覚えているが、メーカー名が思い出せない」

「企業名は知っているけれど、商品は覚えていない」

これは、企業ブランドと商品ブランドのイメージの不一致です。理想的なのは「あのメーカーが出しているこの商品（またはサービス）」というように、**企業イメージと商品やサービスのイメージが一致していて、相乗効果で双方のイメージが良くなっている状態**です。


そのような状態にするためには、個々のブランディングを考える前にそれらの関係性をしっかりと築き上げる必要があります。つまり、現状のブランドをすべて棚卸し、上下関係や横断的関係を改めて体系づけるということです。

ある企業が複数のブランドを持つ場合、各ブランドの役割やブランド間の関係のことを

「ブランド体系」といいます。ブランド体系を図式化しますと、図4－2のように、企業ブランドが最上位で、最下部に商品・サービスブランド、その中間には事業ブランドとなります。

たとえばアップルの1事業を見ると、「企業＝アップル」「事業＝iPhone」「商品＝iPhone SE、iPhone 11 Pro、iPhone 11 Pro Max……」となります。企業（アップル）が与えるイメージと、その企業が生み出す事業や商品がすぐにつながり、商品にも期待ができ、評価もされています。

逆に、商品に対する評判の良さから企業や事業のイメージも高まり、企業の価値が上がっているともいえます。

このようにブランド全体の構造を整理し体系を確立することで、**ブランド同士の有効な関係が生まれ、**共に発展させていくことが可能になります。さらに今後、最も注力すべきブランドは何かを見極めることができ、**適切なブランド構築**を行うことができます。

図4－2の三角形に、自社のブランドを当てはめてみてください。

縦軸の「企業ブランド」「事業ブランド」「商品・サービスブランド」それぞれに、ブラ

図4-2：ブランド体系

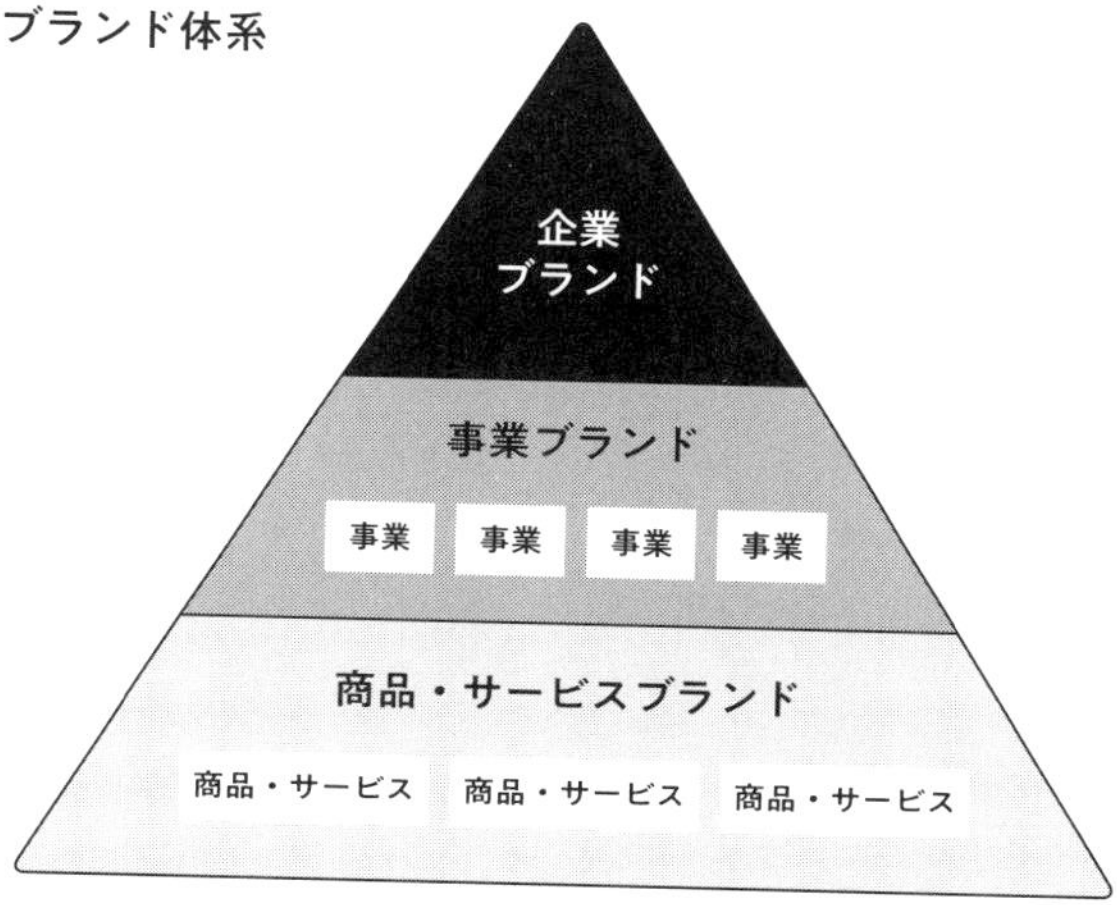

ンドアイデンティティーの一貫性はあるでしょうか。ブランドアイデンティティーとは、**そのブランドが提供する価値や実現したいビジョンなどの一貫した姿勢**のことです。

各ブランドを構築する最初の段階で、「企業ブランド」「事業ブランド」「商品・サービスブランド」をばらばらで考えてしまいますと、当然それらのブランドアイデンティティーもばらばらで、一貫性などほとんどなくなってしまいます。

すると、企業の発信するイメージと、事業や商品・サービスのイメージが顧客の頭の中で一致せず、それらのつながりが見えにくくなります。

次に横軸を見てみます。各事業あるいは、各商品やサービス同士の関係性や性質がきちんとすみ分けられているでしょうか？　すみ分けられていない場合、自社のブランド同士でシェアの奪い合いをしている恐れがあります。

このようなことを防ぐためには、しっかりとブランドアイデンティティーを確立して、各ブランドの役割を明確にし、全体のバランスを図ることが重要です。

3　企業起点から顧客起点への変遷

成長する企業は、ブランドをいち早く取り入れ、ブランド力を高めることで、顧客からの信頼を得て、圧倒的な企業価値を生み出しています。

価値を見出せない企業は、ブランドの真の意味を知らないまま「ブランドっぽいもの」、つまりＣＩ（コーポレートアイデンティティー）またはＶＩ（ビジュアルアイデンティティー）のみに投資を行い、結果を出せずにいる場合があります。

ここでＣＩやＶＩの言葉の意味と、それらの変遷《へんせん》を見ていきます。

１９８０年代、アメリカを中心に企業のＣＩを高める動きが活発になりました。

ＣＩとは**「経営理念やそれに伴う行動指針などを共有して、より良い企業活動を行おうとする経営戦略」**です。企業文化などの思想を統一して、ロゴやマークなどのビジュアルやメッセージなどを目に見える形に変え、社内外に発信・共有し、企業価値を高めようという考えです。ＣＩは以下の３つの要素で構成されています（図4－3参照）。

●ＭＩ（マインドアイデンティティー）：考えの統一

企業が目指すべき理想のあり方や、社会に対する存在理由・役割などを表す企業理念、それに伴った行動指針、スローガン、メッセージなどを指します。

●ＢＩ（ビヘイビアアイデンティティー）：行動の統一

ＭＩで設定された企業理念の実現に必要な計画や行動を指します。具体的には、企業理念に基づき経営戦略や販売戦略が立てられ、それに沿ってセールスや新商品、サービスの開発、広告の展開、製造などを行うことまでが含まれます。

図4-3：コーポレートアイデンティティーの構成要素

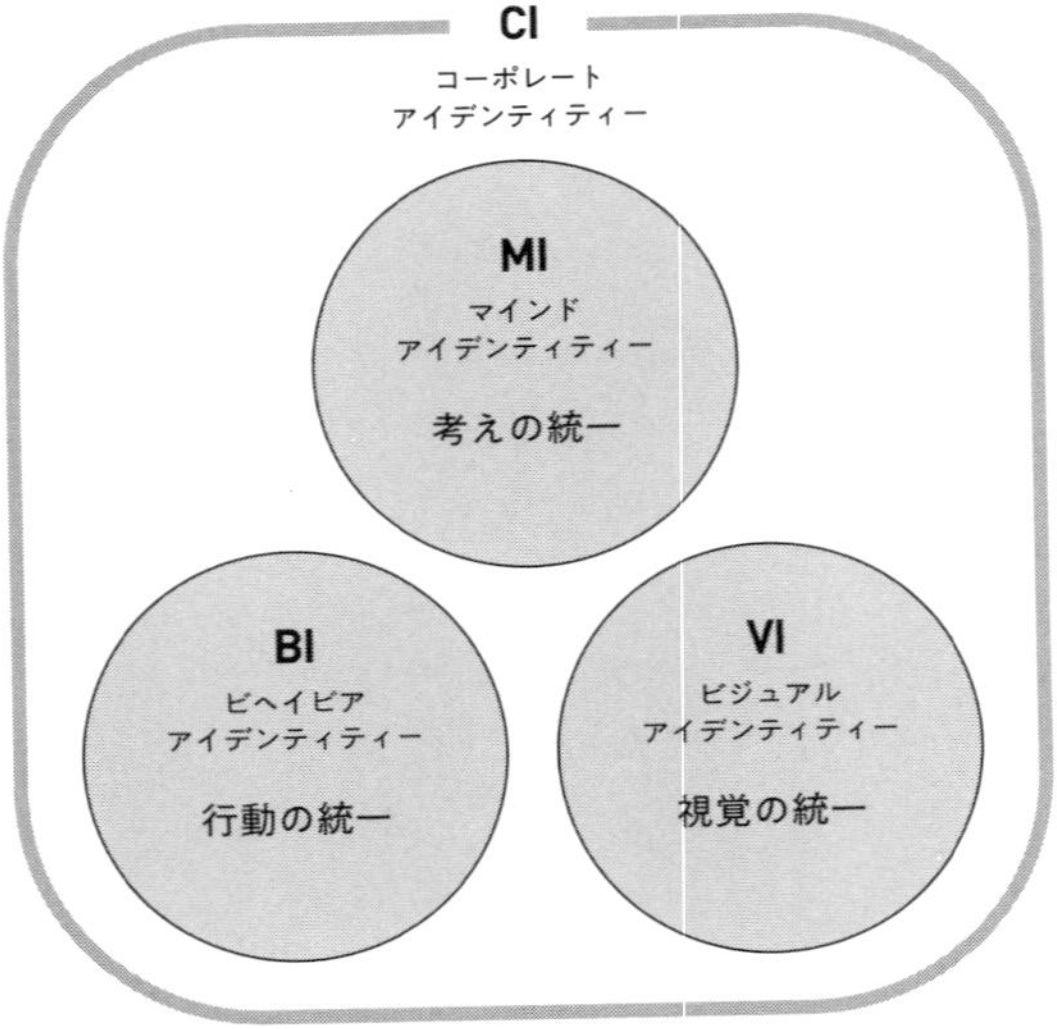

●VI（ビジュアルアイデンティティー）：視覚の統一

MIとBIで築き上げられた考えを視覚化することです。企業が伝えたいイメージを、一目でその企業だと分かるよう効果的に表現していきます。ロゴタイプやコーポレートキャラクター、コーポレートカラーの定義なども含まれます。

CIはこの3つの要素を基に形成していきます。1980年代にそれを行った多くの日本企業は、ロゴや社名を変えるVI設計のみに留まったり、企業の一方的な発信となったりしたことから、肝心の顧客の心に残ることは少なかったようです。

企業のCI開発では巨額の資金を使い一時的なブームを巻き起こしたものの、企業継続に大きな貢献をもたらすことなく終息へと向かったのです。

そのような背景から、1990年代後半にブランドという考え方が話題になります。ブランドは、顧客起点から発想したコンセプトや理念を基に築かれるため、企業は顧客の期待と信頼に常に応えながら行動し、顧客にとって必要で良質な商品やサービスを提供し続けることが求められます。つまり**顧客にとっての価値を高めていく**ことが必要なのです。

このようにして、企業起点のCIから顧客起点のブランドへと時代は変化していきました。

ブランドは顧客だけではなく、社員の信頼も得られる素晴らしい戦略です。ただしCIが不要ということではありません。企業の軸となる想いは他社との差別化を図ることができる強い信念ですので、ブランドの中にもCIは不可欠です。

4 顧客が感じる価値とコスト

顧客にとってブランドの価値が高い状態とは、顧客が感じる機能的、情緒的、自己表現的な**価値**が、顧客の金銭的、時間的、心理的な**コスト**よりも上回っている状態にあることです。

つまり価値を高め、コストを減らすことが重要になります。その「価値」と「コスト」の2つについて見ていきましょう（図4－4参照）。

●顧客にとっての価値：「機能的」「情緒的」「自己表現的」

顧客にとっての価値とは、機能的価値と情緒的価値、自己表現的価値があります。あるレストランへ行った例で考えてみます。機能的価値は、「料理がおいしい」「お腹が満たされる」などのことをいい、情緒的価値は、「接客が丁寧で安心した」「充実した時間を過ごせて嬉しい」などの感情のことです。そして、自己表現的価値は、「セレブな気分

図4-4：ブランド価値を高める

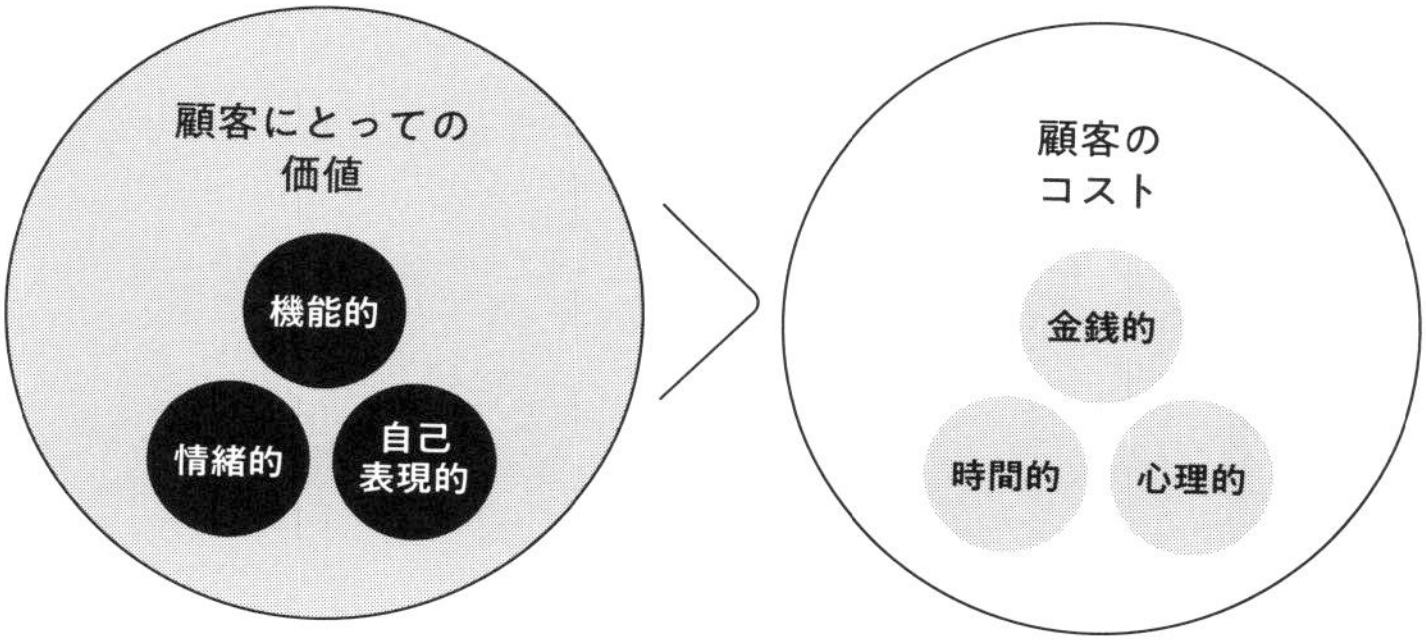

になれた」など、自己表現に関することです。

顧客の価値は、この3つを満たすことで生まれます。

●顧客のコスト：「金銭的」「時間的」「心理的」

顧客のコストとは、お金のことだけではなく時間的コストや心理的コストも含まれます。

時間的コストは、レストランで「行列ができて待たされる」「注文してから食事が出てくるのが遅い」などのことをいい、心理的コストは「接客態度が悪くて不愉快になる」「店内の装飾に不快さを感じる」などです。

顧客にとってのコストが、「顧客にとっての価値」よりも高くなってしまうと、顧客の頭の中でブランドに対する価値は生まれません。

とはいえ、行列ができる人気店や、注文してから出てくるまで時間がかかるけれど満足できるお店もありますね。それは、待たされたとしても「待ち時間が気にならないほどのおいしさがある」「丁寧で特別な接客にステータスを感じる」などの価値が上回る状態にあるからです。

しかし「待たされた挙句にたいしておいしくなかった」と期待を裏切り、価値が下回った場合には、もう行列に並ぶことはないかもしれません。

このように、**顧客に何らかのコストをかけることはあっても、それを上回る価値を磨けば、全体として顧客に良い印象を持たれるブランドになることができます。**

5 ブランドの価値を高める活動

価値を高めるために企業が行うべき具体的なブランディング活動について見ていきます。大きく分けて3つの活動が考えられます。

①企業や商品・サービスの「付加価値」を高める

たとえば、企業にしかるべき理念や信念があり、誇るべき事業もある。商品やサービスにも根本的な力があったとします。しかし同じような事業を持つ企業や、似た商品やサービスで市場が溢《あふ》れている今、顧客には違いがよく分かりません。

そこで、企業や商品・サービスに付加価値をつけて差別化する必要が生まれます。そのためにターゲットの明確化などの**ブランド定義**を行い、**VIを確立**していきます。

もしここで生み出す価値が非常に高ければ、以下の②③の活動を行わなくても、ブランドとして顧客の支持を得られるほどに重要な役割を担っています。

「①の具体的な設定方法」については第5章2・3へ↓

②商品やサービスの「物語」を顧客に届ける

顧客が共感し、興味を持ってくれるだろう企業や商品・サービスにまつわる情報を提供します。顧客が豊かな気持ちになってくれるものや、得したと感じられるものが理想です。

私は以前、大切な友人に特別な傘を贈ったことがあります。ネットでいくつも検索した末に素晴らしいデザインの傘を選びましたが、一般的なものに比べて高価でした。

しかし、高価なその傘を選んだのにはある理由がありました。

傘メーカーのホームページを調べると、「創業154年」「富士山の雪解け水で鮮やかに染められた糸を織ったジャカード生地」「ひとつひとつすべて職人たちの手で仕上げられます」（株式会社槙田商店ホームページより https://www.makita-1866.jp/）。そのようなワードと共に、美しい糸や職人さんの写真が並んでいました。

それらを目にすることで価格以上の価値を感じ、すぐに購入しました。いつか自分のご褒美としてまた購入したいと思うと同時に、特別な傘を探している人にはぜひ勧めようと思いました。

このように商品やサービスの背景や説得力あるストーリーによって**満足感はぐんと高まり、さらに着目すべきは、顧客が他者にも伝播《でんぱ》したくなる**ということです。

③顧客との「絆」を深める

購入後も人やコミュニティーを通して顧客の満足度を高め、長期的で良好な関係を築くアプローチを行います。**「自分（顧客）と企業は特別な関係なのだ」と思ってもらえる体**

験を生み出します。

たとえば、私が以前友人に中華レストランへ招待されたときのことです。私に肉アレルギーがあることを知っている友人は、なじみの中華レストランに、メニューにはない肉を使わないコースを組んでくれるよう頼みました。中華でまったくの肉抜きは難しそうに思えますが、見事に野菜と魚の料理にアレンジしてくれました。

それは友人にとって、ますます店との信頼関係が高まった体験ですし、私にとっては中華料理を楽しめる新しい体験でした。

このような特別な顧客のイレギュラーな要望に応え、顧客にとって良い記憶として残る体験を生み出すのもひとつです。他にも会員同士の交流を深める場を作るなどがあります。

「②〜③の具体的な設定方法」については第5章4へ↓

ネット社会となったことで、商品やサービスを顧客が気に入ってくれれば、自主的に他の消費者に広げてくれる可能性があります。

このような「顧客にとっての価値」を高めるブランディング活動を行うことで、**「ファ**

ンになれば顧客が長期にわたってブランドを購入し続けてくれる」そして**「過剰なコストをかけなくても新規顧客が増える」**といったことが実現できるのです。

しかしブランドは、いつでも顧客の頭の中にある訳ではありません。顧客にとって大切なのは自分の人生であり、必要なときに様々なブランドを思い出します。

その時に思い出してもらうためには、ブランドの魅力を高め、常に情報を発信し、双方向のコミュニケーションが取れる仕組みを生み出し続ける努力、つまりブランディングを行い続けることが必要なのです。

6 ブランディングを成功に導く「キーマン」とは

ブランディングの中でも、ブランドの価値を視覚的に、かつ一瞬で人々を魅了することができるVI（ビジュアルアイデンティティー）は、特に重要です。

ブランディングは社内のチームで取り組み、全社で理解を深めながら一丸となって行い

図4-5：クリエイティブな人々
役割と関係性

Creative director
クリエイティブチームを統括する総責任者
Artist
絵画など芸術作品を生み出す人
Art director
ビジュアルなどの表現面を監督する人
Designer
現場で実際に手を動かしてデザインする人
Copywriter
広告におけるテキストやキャッチコピーを考案する人
Photographer
写真を撮影する人
Illustrator
商業用のイラストを描く人

ます。しかし、VIなど専門性の高い分野を手がける際、デザイナーが社内にいない場合はプロに任せましょう。

デザイナーは顧客起点での発想力や表現力にも長けていますので、ブランディングチームの一員として迎えると、より顧客を含めた消費者に届きやすいブランドになります。

　ここでデザイナーを含む、クリエイティブにまつわる人たちについて紹介します（図4－5参照）。

●クリエイティブディレクター（略称CD）

テレビCMや雑誌の広告、イベントなどで**企画から制作までを手がけ、クリエイティブチームを統括する総責任者**です。クライアントの希望を聞き取りながら企画案を作成し、デザイナーやコピーライターなど、プロジェクトに必要な専門家を選定して制作にあたります。デザイナーやコピーライターの経験がある場合が多いです。

●アートディレクター（略称AD）

ビジュアルなどの表現面を監督する人です。コンセプトからどのような表現が顧客に適切に伝わるかを考え出し、方向性とゴールを示します。**デザイナーやコピーライター、フォトグラファーなどに指示を与えながら制作を統率します。**自らデザインを行う場合もあります。CDと兼任することもあり、混同されやすい職種です。デザイナーがキャリアアップしてなることが多いです。

●デザイナー（略称D）

現場で実際に手を動かしてデザインする人です。デザイナーの中にはイラストを得意とする人も多いため、イラストレーターと混同されやすい職種ですが、基本的には分業されています。写真やキャッチコピー、イラストを含めた様々な要素を選定し、**企業の目的を叶《かな》えるデザインを作り上げていきます。**

●コピーライター

広告におけるテキストやキャッチコピーを、**コンセプトや目的を達成することに注力しながら考案する人**です。テキストを作る人をライター、キャッチコピーを作る人をコピーライターと専門によって呼び分ける場合もあります。

●フォトグラファー

写真を撮影する人です。商業写真の場合は商品などを宣伝するために商品やシーン、人物などを撮影します。商業写真とは異なるアート写真は、フォトグラファーの内面を表現した芸術作品でもあります。両方を兼ねる人もいますし、どちらかに特化している場合もあります。動画全般を行う人はカメラマンと呼ばれることが多いです。

●イラストレーター

商業用の紙媒体やＷｅｂ、ソーシャルゲームなどで使われるイラストを描く人です。クライアントの依頼に応じてその**趣旨に合ったイラストを制作**します。イラストレーター自身の個性を追求してひとつのタッチで描く人や、オーダーに合わせて様々なタッチを描き分けられる人がいます。

●アーティスト

ミュージシャンと混同されることもありますが、絵画など芸術作品を生み出す人のことをいいます。自身の芸術活動を主な収入源とし、商業とは異なり自己表現を追求します。基本的には商業ではありませんが、企業とのコラボレーションとして商業的な活動を行っている人もいます。

デザインを前面に打ち出す場合には、主にクリエイティブディレクターやアートディレクターが中心となり作られます。

２０１８年５月に経済産業省と特許庁が出した「『デザイン経営』宣言」（第１章２参照）

では、デザインの力を活用した経営を推奨し、その条件のひとつとして「デザイン責任者」を経営層に迎え入れることとしています。

「デザイン責任者」にふさわしいのは、クリエイティブディレクターやアートディレクター、デザイナーです。そのような職種の人は、広告代理店やデザイン事務所、印刷会社に所属している場合が多いですが、フリーランスで活動している人もいます。

自社にとって最適なパートナーとなるデザイン責任者を見つけるポイントは、次のとおりです。能力の高さは、会社規模に比例するわけではありません。ですから、個人の能力を見て判断するようにしてください。

●あらかじめ調べる

ホームページやSNSなどから情報を得ます。「歴史と実績のある会社なんだな」「新進気鋭の若手が揃《そろ》っていそう」など、**ホームページのデザインや雰囲気、コピー**などで会社の「人柄」を感じ取ってください。

また、**過去の作品**を見て、作ってほしい媒体の実績の有無やクオリティーも目安にします。しかしクライアントとの守秘義務により、実績をすべて掲載していない場合があります。それ以外の実績を見たい場合は、会ったときに持ってきてもらうとよいでしょう。

他にも、**制作における姿勢やスタンスなどに共感できる**かも重要なポイントです。デザインだけに特化した会社の場合、依頼したことは確実にしてくれても、提案などはしてもらえないこともあります。「企画」や「提案」などのワードの有無も見てみましょう。

●コンタクトを取る

気になる会社が見つかったら、電話やホームページから問い合わせてみます。**ブランディングの相談であることを明確に示し、**自社のホームページのＵＲＬや、現状の問題なども合わせて伝えましょう。

次にアポイントを取り、実際に会ってみます。遠距離など簡単に会えない場合は、電話やオンライン会議という選択肢もあります。自社の現状や問題を踏まえた上で、どのような提案が可能かを示してもらいましょう。

そして何より**「人」を見ることも大切**です。真摯な姿勢や熱意、自社への共感度などを感じ取ることができるかもしれません。話しやすいとか、一緒にやっていけそうかなども選ぶ基準のひとつになります。

●費用を確認する

依頼したいことをすべて話した上で、見積もりを作ってもらいます。費用は会社によって異なる場合が多いので、比較したい場合は数社から同じ条件で取ってみましょう。

予算内で探すことも大切ですが、**ただ「安い」ということだけで判断すると**、スムーズに進行しない、思っていたイメージにならないといった、**質の面でのトラブルが起こる恐れがあります。**

デザイン経営をいち早く取り入れてきたことで注目を浴びている、良品計画を見ていきます。

良品計画が運営している無印良品は、1980年に西友のプライベートブランドとして生まれました。開発時には著名なグラフィックデザイナー、アートディレクターの故・田中一光氏が携わっていました。その後、田中一光氏が提案した思想や考えを引き継ぎ、原研哉氏がアートディレクションを担当しています。

彼らによって理念やビジョンのあり方と共にデザインが生み出され、それらの表現や考え方が長年ぶれることなく一本の軸となり、ブランドが守られているのです。

クリエイティブの専門家は自社にとって重要なポジションとなります。共にブランド価値を創造するパートナーとして、良好な関係を築く努力をすることで、良いブランドを生み出すことができます。

7 ブランドは中小企業にこそ必要

これまで大企業の事例をお伝えしてきましたが、中小企業にも置き換えて考えることができます。実は、**中小企業にこそブランドが必要であり、さらにブランディングに向いている**のです。

成功させるには、経営層がブランディングの重要性や、自社にも適用可能な経営戦略のひとつであることを認識し、ブランディングに深く関与することが必要です。

ブランディングを行うにあたって、中小企業だからこそ取り入れやすい面や有利なことは次の4つです。

●大企業に比べて断然スピード感がある

大企業の場合、その大きさや関わる人数が多いことがデメリットとなり、効率良く進められないケースがあります。

担当者が権限を持っていないため、「社内調整に時間がかかりすぎる」さらに「複数の社内調整や様々な人の考えを反映しようとして、企画の一貫性が薄まる」といったことが起こりやすいです。

一方中小企業では、経営層とチームを直結できるため、「想いの根源」である経営層が即座に意思決定することによって、スピーディーでスムーズな流れを生み出せます。

さらに経営層とチームとの意思疎通が図りやすいことから、第5章でお伝えする**ブランディングのプロセスを簡略化して進めていく**こともできます。

●ブランディングをきっかけに組織一丸となれる

大企業では、経営層が不在のままブランディングを行っている場合が多いようです。経営層の真の想いが分からないまま進めていても、最終的な確認段階で経営層から思わぬ判断が下される場合があります。

そのようなことが続くと時間は無駄になり、チームも疲弊し、経営層に企画を通すことだけが先行し、本来の目的を見失う恐れがあります。

中小企業で経営層が率先してブランディングを行えば、経営層のカリスマ性が発揮されやすくなります。そのため、心の内が社員に伝わりやすくなり、**社員の共感度も高まる**ので組織が一丸となれます。

●顧客の声をブランドに反映しやすい

多くの大企業は、経営層と顧客の距離が離れていることから、ブランドのあり方が企業の都合に寄せられ、その企業が持っている既成概念に囚われた考え方に陥りやすいケースがあります。

すると企業側の一方的な発信となり、顧客に良い印象や感動を与えられないこともあります。

一方、中小企業では経営層と顧客との距離が近いため、経営層が直接顧客の声を聞くことができ、顧客が困っていることや求めていることを肌で感じられます。

その肌感覚はそのままブランディングに良い影響を与え、**顧客に求められるブランド**を築きやすくなります。

●優良顧客の口コミによる情報拡散がされやすい

大企業の場合、十分な予算を投入しマスコミに大きく取り上げられることがありますが、そのような手法は一時的なブームに終わることもあります。特にグローバルマーケットで勝負している大企業では、口コミだけの効果を期待することは難しいでしょう。

一方中小企業の場合、マーケット規模が小さいからこそ顧客との距離が縮まり、口コミによる認知度向上や新規顧客開拓に十分期待ができます。

口コミは顧客にとって、マスコミよりも信頼できる情報であると認識されており、コストがかからず中長期的なメリットが得られます。ですから、**中小企業の認知度拡大**にはうってつけです。

ブランドとは一見特別なものであり、中小企業には必要なく、不向きなものだと考えられがちです。しかし、どんな大企業も最初は中小企業だったはずで、ブランディングを有効に活用し、時間をかけて育てることで大企業へと成長してきました。

現段階でブランドが構築されれば、今後どのように時代が変わっていったとしても、臨機応変に対応でき、発展させ続けることが可能です。

8 ブランディングを始めるベストなタイミング

企業ブランディングは、創業当時に確立されていることが望ましいです。なぜなら、創業して自社のことを世に放つ瞬間に伝える必要があるからです。

しかし、その創業当時のブランディングと実態にズレが生まれ、時代に合わなくなった場合は、より良いタイミングで見直しを行うことをお勧めします。

より良いタイミングとは、たとえば次のとおりです。

- **社長交代のタイミング。**
- **創業○周年のタイミング。**

・業務内容が変化するタイミング。
・実態とギャップを感じるタイミング。
・会社の理念やVI（ビジュアルアイデンティティー）が時代と合わなくなったタイミング。

経営者は、自身の判断によって、的確なタイミングでブランディングを見直すことができます。しかし、経営者ではないビジネスリーダーには、なかなかそれができません。ビジネスリーダーがその必要性を感じた場合、右記のようなタイミングを見計らって、経営層に提案しましょう。

商品ブランディングの場合は、商品の具体像が固まった段階で始めるのがベストです。早すぎると商品自体に曖昧な点が多いため、明確なブランが作りにくくなります。すでに商品やサービスがある場合は、それらを市場に導入した後、以下のように感じたときに行います。

・時代の変化によって表現が古くなっている。

・**理想と異なり、表現がうまくいっていない。**
・**売れ行きが芳しくない。**
・**新たな市場に投入していきたい。**

ぜひより良いタイミングでブランディングを行い、会社の価値をひとりでも多くの人に伝えてください。正しくブランディングを行うことで、会社の評価は圧倒的に高まりますので、メリットを体感していただけるはずです。

デザイン経営への道④
ＶＩの確立

会社の価値を構築していく

何とか東京支社閉鎖の危機を乗り越え、わずかながらも売上が回復してきた頃に、リブランディング（既存のブランドを時代や顧客に合わせて見直し、再構築すること）を行いました。

創業者が東京支社の様子をずっと見守りながら立てた理念は、「ありがとう

My Story

を創る」。その意味をみんなで深掘りしていきます。どういう場で「ありがとう」が生まれるのか。何をやれば感謝の気持ちで溢《あふ》れるのか。みんなでディスカッションし、次のような意見が挙がりました。

- **弊社の社員同士：日々のフォローや些細《ささい》な心遣いによって。**
- **弊社と顧客：顧客が求める以上の提案や高クオリティーなデザイン・イラストレーションを提供したとき。顧客の困りごとを解決する手助けができたとき。**
- **顧客とエンドユーザー：デザインやイラストレーションの力によって、顧客の持つ商品やサービスがエンドユーザーにとって価値あるものになったと感じられたとき。**
- **弊社とブレーン：共に創作活動をする中で相乗効果が表れ、最高の仕事ができたとき。**

そのような状況になるには今何をするべきか。どのような行動を取れば叶《かな》うのか。繰り返し考察していきました。そして、ありたい姿についてもさらに深掘りしていきました。

考えがまとまったら、全員で正しく認識できるよう言葉にし、時には図式化、イラスト化して、次々と記録していきます。そしてありたい姿に沿った行動を起こしていきました。

そして、具体的になった私たちの「あり方や雰囲気」を、目に見える形にしていきました。それがVI（ビジュアルアイデンティティー）です。

今あるデザインツールをすべて見渡し、今の、そしてこれからの「私たちらしさ」が出ているのかを考えました。ロゴ、名刺、会社案内、封筒、ホームページ、営業ツールと、様々ありますが、答えはNOです。

創業当時のままのデザインは、まさに「少人数のイラスト工房」を思わせる手描き感たっぷりのもので、デザインには無頓着な印象。私にとっては不満でした。これから伸ばしていこうという企画・デザインといった要素が感じられません。さらに今、目の前にいる若くて情熱的な社員たちの雰囲気とも合いません。

創業者や取締役の思いが詰まっているロゴやデザインを変えたいと本社に言いに行くのは、少し抵抗がありました。しかも当時私は支社の一社員に過ぎま

My Story

せん。しかし、営業力が伸び続け、新たな事業に取り組もうとしている今こそ、弊社が生まれ変わる絶好のタイミングだと考え、提案する決心を固めて本社に向かいました。

突然の申し出で、拒否されるのではないかと思っていました。ところがそれは杞憂《きゆう》に過ぎず、すぐに受け入れられたのです。

弊社の創業者はバイタリティーと強い個性やユーモアの溢《あふ》れる人です。創業から20年以上にもわたって、その人柄で経営や営業に力を発揮してきました。創業者によっては、自身の方針や成功例に絶対的な自信があり、他者からの提案を受け入れない場合もあります。

しかし、弊社の創業者は東京支社の回復を目にしたことで、自身の「我」を抑え、時代の変化を受け入れ、私たちが次世代に必要な人材であると認識し、積極的に提案を聞き入れてくれたのです。

自身の考えは強く持っていても、現場を取り仕切る私の意見を常に最優先に考え、自由と責任を与えた上で、その裏のフォローをしっかりとしてくれる。そのスタンスは今も変わりません。

そのような環境があったからこそ弊社は私の提案する新しい経営スタイルに変わっていくことができ、私はさらに深く会社のありたい姿を模索し、改善策を実行していくことができたのです。

ロゴや名刺、会社案内などのデザインは、幸いにも私はデザイナーですので、費用をかけずに自分が思うイメージをそのまま形にすることができます。

名刺は弊社らしいデザインに仕上げながらも、社員各自に好きな色を選んでもらえるようにしました。それは、「会社らしさ」の中に、それぞれの魅力的な個性が感じられる「社員らしさ」も加えたかったからです。好きな色といっても完全に自由ではありません。たとえば同じ「緑色」でも、ビビッドなものやシックなものなど様々で、それにより印象は随分変わります。

弊社は当時ほとんどの社員が女性でしたので、そのきめ細やかな対応を思わせるような優しさを企業ブランドに取り入れていきました。そのため、色のトーン（色調）は「ペールカラー（明度が高く彩度が低めの淡いクリアな色合い）」を採用していましたので、ペールカラーの中から好きな色を選んでもらっています。

そのようにトーンを制限することで、名刺の色がひとりずつ変わっていたと

My Story

しても、企業ブランドの統一感は保たれているのです。

会社案内や営業ツールでは顧客への分かりやすさと、この会社に頼みたい、と思ってもらえるような「雰囲気作り」にこだわりました。それは見た目のデザインだけではなく、紙の風合いや手触り、営業が顧客に説明・アピールしやすいストーリー作りや言葉遣いにも及びました。

ただ、ネックとなったのはホームページです。デザインは私ができますが、コーディングは外部に委託するため、私たちにとっては大きな予算が必要です。これはすぐにできません。無料のブログをアレンジすることから始め、少しずつ簡易的なホームページを作り、売上が少し安定してきたときにコーディングを委託して、今までよりも訴求力の高いホームページを作りました。

そのように、生まれ変わる弊社を、今までの、そしてこれから出会う顧客のことを考えながら構築していったのです。

このリブランディングを機に、創業者は東京支社の成長を予感し、これまで20年以上経営面で依存してきた会社との資本提携を解消し、創業時にいたイラストレーターの取締役を社長に、そして私を取締役にし、経営を完全に任せてくれることになりました。

第5章

ブランドを育て、守り、進化させる8つのSTEP

1　ブランドに対する理解と共感を深める

いきなりブランディングに着手するのではなく、まずは準備から始めます。準備を怠ると、途中で目的を見失って挫折してしまう恐れもあります。次の4つの準備をしっかり行っていきましょう。

●組織横断的チームを編成する

ブランディングチームのメンバーは、「上層部のみ」「特定部門のみ」などに偏らず、以下に紹介する①～④の人材から**「組織横断的」**に選ぶことが重要です。

企業起点ではなく、顧客起点で企業や商品・サービスの魅力を引き出しながらプランを立て、ファン獲得へと進めていきます。

①経営者を含めたプロジェクトの発起人でもあるビジネスリーダー

ブランドとなり得る商品やサービスが複数ある場合、ビジネスリーダーがそのすべてのブランディングに取り組むことは難しいかもしれません。しかし、主力となるブランディングには参加されることをお勧めします。

「ブランドの価値をビジネスでどのように活用すべきか」というビジネス的な視点を持ち、中心となってチームをまとめていくことが必要です。

②企業や商品・サービス自体の価値に精通している人

企業ブランディングの場合は「会社への理解が深い人」、商品やサービスのブランディングの場合は「その企画や開発に携わっている人」が該当します。

企業や商品・サービス自体の価値を顧客がどう思っているのかを察知できる、**お客様相談室の担当者や顧客と直接的な接点がある人などが望ましい**です。このような人からは「顧客起点」の発想が期待できます。

③クリエイティブ視点を持った人

ブランディングでは、価値を目に見える形に変えていくことも非常に重要です。

チームで様々なアイデアを出し、プランを立てると同時に、それが**実際にどのような形に落とし込まれていくかを想像できる人**です。たとえば、クリエイティブディレクターやアートディレクター、デザイナー、あるいは多くの媒体に見識のある人がよいでしょう。

社内にいない場合は、外部の人をパートナーとして迎え入れるのが得策です。

④顧客との絆を深めていくことができる人

ブランディングでは、企業が発信する情報が一方通行にならず、顧客との双方向コミュニケーションが取れる仕組みを作ります。この役割には、**顧客と実際に接する機会が多い営業や接客、コミュニティー運営に精通しているWeb担当者**などがふさわしいでしょう。

このようなメンバーを集める方法は、指名や公募などがあります。

●全員で知識や動機を共有する

ブランディングでは、ビジネスリーダーだけでなくメンバー全員が一丸となって取り組む必要があります。メンバー全員が**「ブランディングとは何か」**そして**「今自社にとってブランディングがなぜ必要か」**といった基本知識や動機をしっかりと共有します。

チームの一部だけが理解している状態ではプロジェクトに混乱を招き、強いブランドを築くことはできません。それを徹底するために、勉強会や研修などを行うのもよいでしょう。

●現状を把握する

自社の現在の姿、つまり「企業や商品・サービス自体」と「ターゲットが自社ブランドに対してどのような印象を持っているか」を全員で把握しましょう。

①「企業や商品・サービス自体」についての理解を深める

企業ブランディングの場合、会社の歴史や、経営理念・経営方針・経営計画などの経営指針、現状の組織文化や他社にない強みなどを把握します。そのために社内報や社史などの社内資料を、チームスタッフで共有します。

社員は会社を深く知ることで、**自分の所属部門中心の考え方から、会社全体のことを考えられるように変化していきます。**創業以来会社が大切にしてきた想いや考え方は、経営者自らが語ると、より深く社員の心に響きます。

商品やサービスの場合、開発に携わった人から、それらの特徴や内容、技術のみならず、開発の背景、技術者の想いやこだわりなども聞くとよいでしょう。他にもパンフレットやチラシ、ホームページなどの販促ツールを確認しましょう。

②「ターゲットが自社ブランドに対してどのような印象を持っているのか」を知る

ターゲットとは、企業ブランディングの場合は「社員、社会、顧客、行政、取引先、株主などのステークホルダー」で、商品やサービスでは「顧客」となります。

アンケート調査やインタビューを実施したり、新規の商品やサービスの場合は、設定したターゲットに商品やサービスを使ってもらったりして感想を聞くのもよいでしょう。

そのようなリサーチを行うことで、**企業や商品・サービスが抱える現状の問題を特定することもできます。**

●現状とありたい姿とのギャップを認識する

企業や商品・サービスを取り巻く現状をしっかり把握した上で、このブランドのありたい姿をイメージします。ありたい姿とは、**「ブランドが確立した先にある理想像」**であり、自社が望む状態です。

ありたい姿は、現状の制約や困難は一切考慮せずに、チーム全員で描いていきます。ビジネスリーダーの想いだけではなく、アンケートやインタビューで把握したステークホルダーや顧客の想いや望みも意識しながら、経営理念やビジョンを見返すと、ブランドの将来像のヒントが見つかるかもしれません。

チーム全員で**「自社の企業や商品・サービスは、社会にどのようなインパクトを与える**

か」「どのような存在でありたいか」などを考え、自社にしかない価値を見つけ出します。

そして「現状」と「ありたい姿」とを照らし合わせてみます。そこにはギャップがあるはずです。ブランディングではこのギャップの認識が重要で、その溝を埋めていく過程に戦術が生まれます。

ギャップが大きくてもくじけることはありません。「これからブランディングを行うことでこんな夢が叶《かな》う」といった成功像を描きながら、チーム全員で前向きに取り組みましょう。

2 ブランドらしさを追求し、基盤を作る

ブランディングの軸となる「ターゲット・ペルソナ」「ブランドプロミス」「VI（ブランドアイデンティティー）」「ブランドストーリー」「ブランドパーソナリティー」「ネーミング」の設定を行っていきます。

ペルソナ（ターゲットの中から選んだたったひとりの理想の人物）を特定した上で、ブラン

ディングに重要な「ブランドらしさ」を明文化し、ブランドの基盤や判断基準を作っていきます。

ブランディングの対象者は、その内容により様々ですが、ここからは「顧客」と想定します。

●ターゲット・ペルソナの設定

①ターゲットの設定

大切なのは、誰に届けるのかを明確にすることです。「ひとりでも多くの人に」とか「子どもからお年寄りまで」といった、幅広いターゲット設定が企業ではよく行われます。多くの方に受け入れてほしいという気持ちは分かりますが、広くするほどターゲット像は漠然とし、戦略が曖昧になります。

たとえば「30代前半の女性」としても、現代の30代前半女性の価値観やライフスタイルは様々で、ひとくくりにはできません。ターゲットを絞り込み、その人たちの心に響く、より特徴的なブランド作りを行う必要があります。

ではどのような人々をターゲットとするのか。それは**「このブランドがあることで生活が豊かになり、ブランドの味方になって価値を共創してくれる人々」**です。

言い換えると**「ブランドの愛好者・推奨者である理想的な顧客」であり、ブランドはそのような人々と共に成長していく**のです。ブランディングでは、この人々の満足度を高められるかどうかを重要視します。

②ペルソナの設定

ターゲットの中から「ペルソナ」を設定します。

ターゲットだけの設定では、チームの中でも捉え方や人物像がまちまちになり、感情移入がしにくく、せっかく絞ったターゲットも形骸化してしまう恐れがあります。たったひとりのペルソナを設定することで、チーム全員での共有や想像がしやすく、ブランドを届けたい理想的な人物を深く理解することができます。

「その人にどのような状況で使ってもらえるのか」、その結果「その人にどのような感動を届けられるか」など、心を込めて考えていきます。それにより**「企業起点での発信」からの脱却が徹底でき、ブランディングに重要な「顧客起点」を生み出すことができる**のです。

ペルソナは、大きく分けて「属性」「特徴」「ライフスタイル」「周囲との関わり」「ブランドとの関係性」によって設定されます。細かく分類すると図5－1のように多くの項目が考えられますが、ブランドの持つ特徴などによって選択されるとよいでしょう。

図5-1：ペルソナ設定

■属性

氏名／性別／年齢／職業／家族構成／居住地／住居形態／年収など

■特徴

個性／性格／価値観／こだわり／誇り／自負／不安／不満など

■ライフスタイル

ファッション意識・実態／食意識・実態／住意識・実態／働き方意識・実態／遊び意識・実態／休息＆癒やし意識・実態／学び意識・実態／美意識・実態／子育て＆教育意識・実態／健康意識・実態・仕事関連への意識など

■周囲との関わり

コミュニティー／メディア・情報源／デジタルリテラシー／ソーシャルメディア／好きな著名人／情報感度など

■ブランドとの関係性

ブランド体験（ストーリー）／ブランド利用／ブランドへの期待（こうあってほしい）／ブランド利用パターン／ブランド愛好意識／ブランド情報発信方法／カテゴリーに対する態度／競合ブランドに対する態度／自社ブランドに対する態度など

●ブランドプロミスの設定

先ほど設定したターゲットやペルソナに対して、企業や商品・サービスがどのような価値を届けるのかを、分かりやすいフレーズで表現します。いわばは顧客への約束、それがブランドプロミスです。

たとえばパナソニックのブランドプロミスは、「私たちパナソニックは、より良いくらしを創造し、世界中の人々のしあわせと、社会の発展、そして地球の未来に貢献しつづけることをお約束します。」とあります（パナソニック株式会社ホームページより https://www.panasonic.com/jp/corporate/management/philosophy.html）。

これはパナソニックの存在目的を示した経営理念を元に、顧客起点で表現し直したものだそうです。このように顧客に向けて自社の想いを表明することで、**顧客の信頼と安心感**が高まります。

●BI（ブランドアイデンティティー）の設定

企業や商品・サービスを、顧客や社会にどのように受け止めてもらいたいか、そのブランドが守るべき一貫した姿勢を「ありたい姿」（本章1参照）をベースに設定します。

決して企業側の理想や都合を重視するのではなく、**「顧客にとっての価値があるか」「自社ならではの個性があるか」「顧客が共感、納得してくれるか」**という視点を念頭に置きます。

グーグルでは「Googleの使命は、世界中の情報を整理し、世界中の人がアクセスできて使えるようにすることです。」とあります（グーグル株式会社ホームページより https://about.google/intl/ja/）。

私が受ける印象としては、グーグルの現在における事業を連想でき、納得させられながらも、これからますます進化していくような強い期待感を抱きます。

このように顧客が「そのブランドは、自分や社会をどのようにより良く変えてくれるのか？」ということに応えられるものが理想です。

●ブランドストーリーの設定

顧客にブランドのファンになってもらうには、企業や商品・サービスと顧客との間につながりを生み出し、信頼関係を構築していく必要があります。ブランドストーリーは**顧客の感情に訴えかけ、心を動かすことができるため、信頼関係を生み出す**ことに一役買います。

ブランドストーリーは企業側からの一方通行の自慢話ではありません。顧客の共感を得るためには、顧客にとっての幸せやベネフィット（利益や恩恵・便益）を感じさせるものでなければならず、そこに企業や商品・サービスの独自性を加えていきます。

ブランディングはブランドストーリーを中心として、そこから派生したアイデアを具体的な活動内容に落とし込むものです。

日本航空（ＪＡＬ）にはこのようなブランドストーリーがあります。

明日の空へ、日本の翼

つないできた思い。

日本の航空会社として初めて世界の空に羽ばたいてから、私たちに脈々と受け継がれてきたもの。

それは、歴史や伝統に裏打ちされた技術や経験に誇りを持ち、妥協を許さない心です。

そして、夢や人、社会を支えていきたいという強い思い。

ＪＡＬの原点である挑戦する気持ちと

お客さまを想う心を大切にしながら、
「世界で一番お客さまに選ばれ、愛される航空会社」を目指します。
（日本航空株式会社ホームページ「ブランドストーリー」ページより　http://www.jal.com/ja/outline/brand/）

このように企業らしさや想い、意思などを伝えながら**「顧客にとっての価値」**を感じさせられるストーリーが理想です。

ＪＡＬのホームページでは、夜か明け方か薄暗くて広い空と飛行機雲、そして海の向こうに空港が見えるブルーの世界。そんな写真の上に先ほどのブランドストーリーの文字が浮かび上がります。情緒あふれる世界観に触れることで感情移入しやすくなる例といえるでしょう。

言葉だけではなく、写真などのビジュアルを効果的に用いることの重要性がお分かりいただけるかと思います。

●ブランドパーソナリティーの設定

ブランドパーソナリティーとは、簡単にいうとブランドの性格です。このブランドが顧客にとってどのような存在であるべきかを考え、企業や商品・サービスの「らしさ」を人に例えて設定します。

たとえば、「明るい」「おしゃれ」「カジュアル」「フレンドリー」「ワイルド」「スマート」「自由」「幻想的」などが、それに当てはまります。ブランドを人が持つ性質に例えることによって、顧客はブランドの印象を受け取りやすくなります。

自分と似たような性質を持つブランドには「親近感」が湧いたり、自分の目指したい性質を持つブランドには「憧れ」の気持ちを持ったりと、感情移入がしやすくなります。

顧客にとって**「良い連想」を生み出すことができれば、ブランドの「価値」は上がります。**ですから、企業はあらかじめ「良い連想」につながるようなワードを設定して、それが正しく定着するようにコントロールしていくのです。

機能性の高さだけで判別しにくいブランドに、「性格」を与えることで個性が出て他社との差別化が図れます。

ブランドパーソナリティーを設定すると、それをチーム全員で共有できるだけでなく、ブランドのデザインやキャッチコピーを決めるときにも、ブランドらしさを判断する基準になります。

このような判断をしながら外に発信すれば、あらゆる表現に一貫性を持たせることができるので、顧客を戸惑わせることがありません。

●ネーミングの設定

設立時の企業や新規の商品・サービスの場合、ネーミング（名前をつけること）を行います。基本的な条件としては、「分かりやすい」「覚えやすい」「読みやすい」「ポジティブな印象」「他社商標権を侵害していない」などがあります。

さらに「ブランドの個性が顧客に伝わる」必要があります。「ペルソナ」や「ブランドらしさ」などを念頭に置きながら考えましょう。同時に「ロゴデザインにしやすいか」も検討します。

ディスカッションの際、アートディレクターやデザイナーも同席すれば、その場でラフスケッチを描き、見た目を検証しながら新たな意見を出してくれることも期待できます。

このようにして**チームでアイデアを出し合い、様々な角度から可能性を探っていく**とよいでしょう。

3　ブランドを視覚化して顧客に届ける

素晴らしい企業や商品・サービスが存在していても、その「ブランドらしさ」が見える形に表現できていなければ、魅力は顧客に届きません。ＶＩ（ビジュアルアイデンティティー）の設定を行い、価値を正しく視覚化していきましょう。

●ＶＩの重要性を知る

先述したように、ＶＩとは**「企業が伝えたいイメージを効果的に表現し、一目でその企業だと分かるように表現すること」**です。

人は情報の90％を視覚から得ていて、かつ視覚から得た情報は記憶に長く残りやすいといわれています。だからこそ、多くの情報量を視覚化して一度にインパクトを持たせて発信させられるＶＩは、効果が高いのです。

顧客があなたのブランドを最初に目にするのはデザインであることが多く、良くも悪くもブランドの印象を顧客の心に刻み込みます。

「デザインは専門外だから」とＶＩを遠ざけたり、丸投げしたりするのではなく、クリエイティブディレクターやアートディレクター、デザイナーとディスカッションしながら「視覚化すべき自社らしさとは何か」を共に追求しましょう。

●他社ブランドの成功事例を研究する

競合他社に限らず、話題になっているブランドの成功事例は、日頃から目を通すようにします。成功しているブランドは本や雑誌、インターネットの記事に多く取り上げられているだけでなく、どの媒体を見ても**ＶＩに一貫性があり、訴求力の高いもの**になっているはずです。

他社事例を見て、どのような印象を受けたかを考えてみましょう。たとえば「誠実でトラディショナル（伝統的）な印象」と感じたなら、何がそう思わせるのかを考察します。それは色のイメージなのか、ロゴの形、情報の構成方法かもしれません。

優れたVIは、あらゆる表現で見る人の感情をコントロールしています。

●VIの基本設定を行う

VIを構築するにあたって、まずは以下の6つの基本設定を順に行っていきます。どれも企業イメージを向上させ、定着して顧客に愛されるようになれば、**長期的な企業のファン作りにも貢献**する重要なものです。

①ブランドシンボルマーク

ブランドを象徴するマークで、たとえばツイッターでは鳥、アップルではリンゴ、スターバックスでは人魚などです。成功している企業のシンボルマークは、企業名やブランド名がついていなくても、**顧客は頭の中にそのブランドを思い浮かべることができます。**

②ブランドロゴタイプ

ブランド名にデザインを施したもので、ブランドの顔といっても過言ではありません。シンボルマークと同様に、**顧客がそれを見ることでブランドを連想できる状態にする**ためには、ブランドらしさの表現はもちろん、独自性が高い状態に仕上げていくべきでしょう。

③ブランドカラー

ブランドを象徴するメインとなるシンボルカラーや、1色以上のサブカラーを設定します。たとえば、銀行を思い浮かべると「三菱UFJ銀行は赤」「みずほ銀行は青」「三井住友銀行は緑」とすみ分けされているのが分かります。**人は色で識別していることが多く、**たとえば街で銀行を探すときには、自分が求める銀行の「色」を探していることもあるでしょう。

ブランドカラーは、顧客がブランドを認識する手がかりになるだけでなく、**顧客のセンスや好みに関与していく重要な設定**です。

④グラフィックエレメント

「ブランドシンボルマーク」「ブランドロゴタイプ」「ブランドカラー」を補完するグラフィックパターンなどの要素です。たとえば、カルピスなら青い水玉、ルイ・ヴィトンではブランド名とモチーフを組み合わせたパターン（モノグラム）などがそれに当たります。**ブランドを連想させる要素のひとつ**です。

⑤タイポグラフィー

様々な媒体で使用するフォント（デザインに統一感のある文字の集まり）を設定します。

図5-2：フォントの大別

［明朝体］

デザイン

［ゴシック体］

デザイン

［セリフ体］

Design

［サンセリフ体］

Design

フォントは、日本語の場合、「明朝体」と「ゴシック体」、英語の場合「セリフ体（文字の端に小さな飾りがあるもの）」と「サンセリフ体（文字の端に飾りがないもの）」に大きく分類できます。その中にはさらに多くのフォントが存在します（図5－2参照）。

フォントによって**顧客に与える印象も大きく変わるので、ブランドに合ったものを選定しましょう。**

⑥キャラクター

ブランドを象徴するキャラクターを設定します。**キャラクターが必要かどうかは、ブランド戦略によって異なります。**キャラクターを設定することで「顧客とのコミュニケーションが豊かになり、絆が深まる」「メッセージを伝えやすい」「オリジナリティーが出て、認識されやすい」など様々な効果が期待できます。

●VIの展開イメージをデザイン化する

ブランドロゴやカラーなどのVIの基本設定を行ったら、次はそれらを媒体で使用するとどのように見えるのかがイメージできるデザイン例を作ります。

どの媒体で例を作るべきかは、ブランドの戦略によって異なります。たとえば飲食店の場合はショップカード、看板、ユニフォーム、ポスター、顧客への案内状、メニュー、ホームページなどが考えられるでしょう。

これらのVI展開例を元に、今後実際に必要な媒体を作っていきます。

●VIのガイドラインをまとめる

VIの「基本設定」や「展開例」の使用ルールをガイドラインにまとめます。これは今後のブランドデザイン作りにおける指針となり、非常に重要です。これまで築き上げてきたロゴやパッケージ、ブランドらしい色などを用いて、**様々な媒体で統一感を保つことで、顧客にひとつのブランドとして認識・定着されやすくなります。**

ガイドラインの内容は、ロゴを使用する際の余白、それぞれの要素の組み合わせ方、ロゴと背景色との関係性、色の使い方、使用禁止例などルールは多岐にわたります。

多くの企業のブランドを見ていますと、残念ながらVIのルールは崩れがちです。ブランドを立ち上げた初期は守れていても、ブランドの理解が欠けている新メンバーが加わったり、多部門の担当者が他のデザイナーと作ったりする際に「悪気なき工夫」を施すことや、「その時々に訴求したい内容」「各担当者の個人的な判断」が入ることで壊れていくのです。

その結果、ブランドが発信するデザインは一貫性がなくなり、顧客はブランドに対して「強い連想」をすることができず、愛着が持てなくなります。

一貫性あるデザインは信頼を生みます。 その信頼を失わないように明確なルールを作り、守り続けることを社内全員の共通認識としなくてはいけません。

4　ブランドを根づかせ、価値を構築する

ブランドを形にして顧客に届けたら、次は人や様々な媒体を通して共感してもらい、ブランド価値を高める活動を行います（図5－3参照）。

具体的には次の2つです。のちほど詳しくご説明していきます。

・商品やサービスの「物語」を顧客に届ける。

・顧客との「絆」を深める。

既に企業や商品・サービスが持つ魅力と、その魅力をいかに持続させるかを考えます。この戦略により、顧客の頭の中に企業や商品・サービスが「ブランド」として根づくかどうかが決まります。「ブランドストーリー」（本章2参照）を常に中心に置きながら、自社らしい様々なアイデアを出していきましょう。

●商品やサービスの「物語」を顧客に届ける

顧客がブランドに対して良いイメージを持つような、**企業や商品・サービスの有益な情報**を届け続けていきます。

「自分にとって必要な情報を得られた」「気分が良くなった」「問題が解決した」など、顧客が満足度を高めることで、ブランドに対する評価が上がります。さらに「人に語りた

図5-3：ブランド価値を高める活動

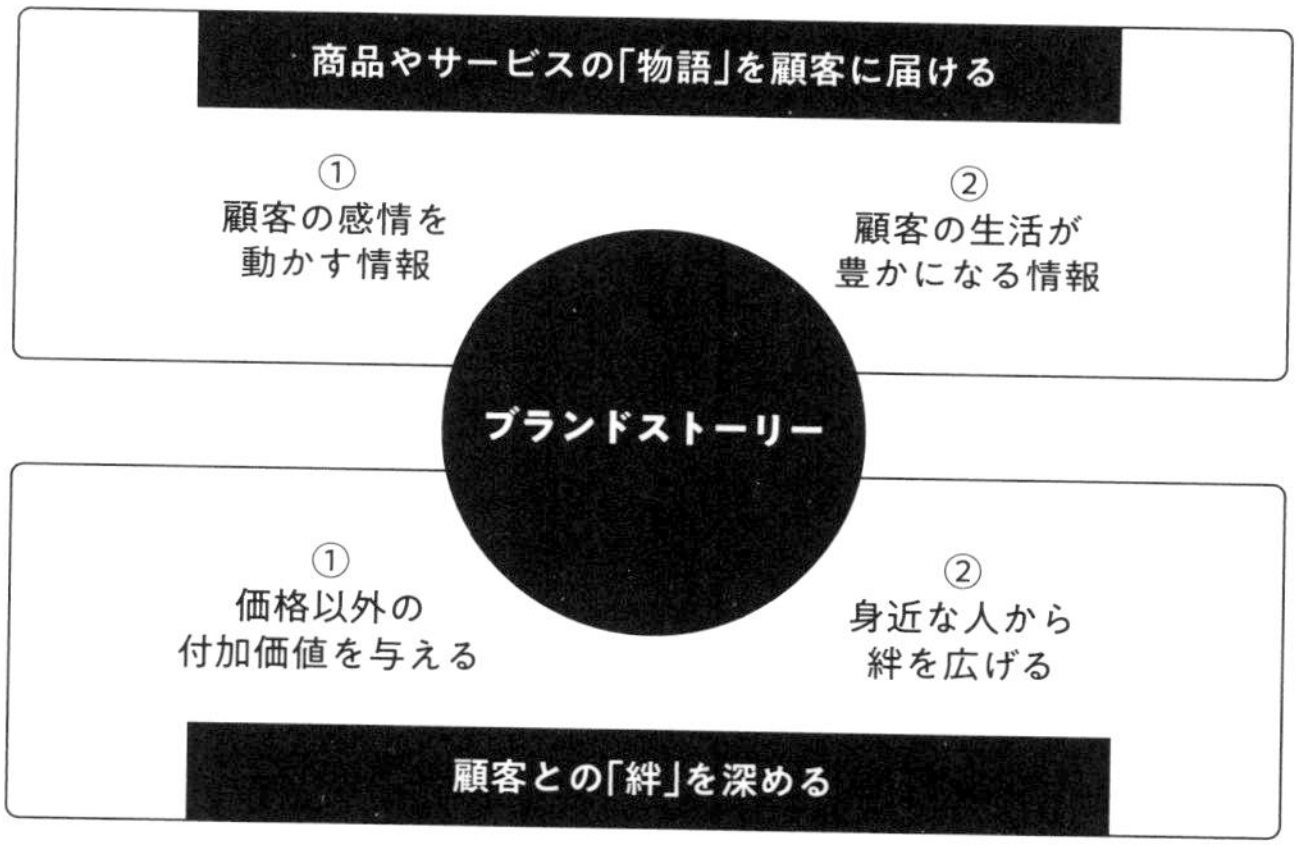

い」と思ってくれれば、クチコミによって価値ある情報が広がっていくという相乗効果につながります。

次の2つの視点で、ブランドの「価値ある情報」を考えてみましょう。

①顧客の感情を動かす情報

顧客が人に話したくなるような**「企業や商品・サービスに隠された魅力的な事実」**に基づいた話題を考えてみましょう。たとえば、企業や商品・サービスが生まれるまでに乗り越えてきた困難や、特別なこだわり、偶然が引き起こした驚きのエピソード、将来の目指す姿や熱い想いなどが考えられます。

②顧客の生活が豊かになる情報

「企業や商品・サービスにまつわる体験を

することで、あなたの生活はもっと素晴らしいものになる」と提案できる内容を考えます。顧客のいつもの毎日に、プラスα《アルファ》のブランドストーリーを掛け合わせることで生まれる、新しい習慣などを提案します。**「顧客の生活の質が高まるかどうか」を基準とします。**

●顧客との「絆」を深める

人やコミュニティーを通して顧客との**信頼関係を高め、深い絆を築き上げて**いきます。企業と顧客の間に特別で良好な関係を生み出すことで、顧客の心にブランドが深く刻まれ、新たな価値を見出すことができます。

次の2つの視点で、何をすれば顧客との「絆が深まるか」を考えてみましょう。

①価格以外の付加価値を与える

企業にとって優良顧客は特別な存在であることを分かってもらえるよう、対応を差別化します。**値引きではなく、商品やサービスにプラスαの価値を与える**ことを目指します。たとえば、用意しているメニューにない特別なオーダーに応えたり、顧客同士が楽しみながら絆を深めていく場をつくったりするなど、おもてなしの心を形に変えていくのです。

②身近な人から絆を広げる

企業とその周辺にいる**「身近な人たち」と強い結びつきを作るためのアイデアを考えます。**身近な人たちとは、主に企業の中にいる社員や取引先などを指します。身近な人を大切にして絆が深まれば、絆はその家族や友人などを介して波紋のようにどんどん広がっていきます。広がった先には顧客や消費者がいます。ブランドの絆作りの第一歩の相手は、「見たこともない誰か」ではなく、意外にもあなたのすぐそばにいるのです。

ここで出たアイデアを、企業にいる人々や様々な媒体などを通して顧客に届けます。顧客が価値を感じれば、「他のよく似た商品よりも、このブランドを選ぼう」「大切な友人や多くの人にこのブランドを教えてあげたい」といった気持ちを高めることができます。

そのような活動が**「ファンになれば顧客が長期にわたってブランドを購入し続けてくれる」**そして、**「過剰なコストをかけなくても新規顧客が増える」**といった結果を生み、ブランドが企業に貢献するのです。

5　顧客との接点をデザインし、展開する

ブランドを根づかせたら、次は広告物や販促物など、ブランドに必要な媒体をデザインし、世の中に展開していきます。制作するのは名刺や会社案内・ホームページなどの基本となるものや、価値構築の施策を実行するときに必要となるツールです。デザインの際には、ここまで設定してきたペルソナやＶＩガイドラインなどの一貫性を保つことを心がけてください。いくつかの例を企業ブランド、商品・サービスブランドに分けて見ていきます。

●企業ブランドの場合

ステーショナリー（封筒・便箋・筆記用具など）／名刺／制服／会社案内／看板／企業ホームページ／ＳＮＳ／建物や施設／営業用車両／ノベルティー　など

●商品ブランドの場合

商品にまつわるもの（商品自体・パッケージ・取扱説明書・タグなど）／商品カタログ／店

舗／ショップカード／ショッピングバッグ／ポスター／POP／商品ホームページ／ランディングページ／通販サイト／SNS／アプリ　など

●サービスブランドの場合

サービスカタログ／店舗／ユニフォーム／サービス案内チラシや封筒／ランディングページ／ポスター／サービスホームページ／SNS／アプリ　など

これらのデザインの評価は、次の3つの基準で考えるとよいでしょう。

- **ブランドらしさに沿って一貫性を持ったデザインであるかどうか。**
- **各媒体の目的を達成できているかどうか。**
- **顧客にとって魅力的であるかどうか。**

ブランドらしさを醸し出すデザインを活用して、顧客にブランドへの理解・浸透を促します。ブランドの一貫性ある価値観を表現できれば、企業の揺るぎない存在意義を示すことができます。

第1章 第2章 第3章 第4章 第5章

6 インナーブランディングで社内にブランドを浸透させる

自社の社員にブランドへの理解を促し浸透させて、それに伴った行動を取ってもらうことを「インナーブランディング」といいます。

選ばれた数名のチームで満足できるブランドが生み出せたとしても、他の社員との共有を怠ったり、「こうなりました」と結果だけが書かれた書類を配ったりするだけでは、社員に自社ブランドへの愛着や共感は生まれません。

企業ブランドでのターゲットは、ステークホルダーが対象で、その中にはもちろん社員も含まれます。**ブランドの価値観を全社員にきちんと理解・浸透させることで、社員の意識が高まり、ブランドらしい行動・言動・判断ができる**のです。

商品やサービスのブランドも企業ブランドと同様で、社内浸透が重要です。自社の商品やサービスに愛情や共感があってこそ、顧客に対して心のこもった案内や接客ができるのです。

大企業の場合、ブランディング後にブランドを社内へ浸透させることも大掛かりな仕事になります。一度発表すればいいというものではないので、社員が常にブランドを意識する状態を作るには、それ自体にさらに大きな予算を投入する場合もあります。

一方で**中小企業は、インナーブランディングの成果が出やすい**といわれています。少人数であることがメリットとなり、予算を多くかけなくてもビジネスリーダーを中心にブランド性を日々言葉や行動で示すことで、自然と浸透していきます。すると企業らしさが自ずと社内に伝播し、時間をかけることなく顧客へも伝わっていくことでしょう。

「経営理念を社内に浸透させる」（第3章8参照）ことも、インナーブランディングの一部です。経営理念の浸透方法に併せて「ブランド定義」や「VI」についても共有していきましょう。

インナーブランディングの成功によって、次のような効果が期待できます。

●企業ブランドの場合

- **社員のことも考慮されたブランドなので、社員の満足度が高まり、愛社精神が湧く。**
- **自社の「ありたい姿」の実現に向けて、全社一丸となって前に進むことができる。**

・自社の魅力を社員自らが発信し、優秀な人材の獲得にもつながる。
・仕事への誇りが持てるなどポジティブな気持ちになれ、社員の定着率が上がる。

●商品・サービスブランドの場合
・顧客起点で描かれているので、顧客に寄り添った行動が取れる。
・顧客起点での新商品・サービス開発ができる。
・商品やサービスの魅力を社員自らが発信すれば、社外へのブランディングとなる。
・商品やサービスの価値が向上することで、顧客の満足度が高まる。

企業や商品・サービスの価値を現場で支えているのは他ならぬ社員です。そのことを念頭に置けば、自ずとインナーブランディングに励む必要性を感じていただけることでしょう。

7 ブランドを守り、運営・管理する

ブランドは「一度立ち上げたら終わり」ではありません。**ブランディングを継続的に行い、顧客からの反応を見ながら進化**させていかなくてはなりません。

年に一度健康診断を受けるように、ブランディングにも定期的な診断が必要です。去年の診断結果が良かったからといって、今年も良いとは限りません。また小さな不調も、放っておくと1年後には思いがけない症状になっていることもあり得ます。

ブランドも同じで、一時期成功したからといってそのまま放置しておくと、後で取り返しのつかない結果になることがあります。

大企業のどんなに優れたブランドでも、継続的にプロモーションやPR活動を続けています。そうしなくては、せっかくファンになってくれた顧客や消費者に忘れられてしまうからです。

ブランドを大切に育て、人々の頭の中に根づかせる方法は次の2つです。

①ブランドマネージャーを決める

ブランドを管理していくのは「ブランドマネージャー」です。初めてブランディングを行う企業には、ないポジションだと思いますが、ブランディングを継続的に行っていくためには必要となります。

中小企業では、**ブランドを深く理解する人が、現在の職種と兼任して行うことが多い**です。部門間の垣根を越えてブランドらしさを伝え、浸透させていきます。

さらに小さな会社では、経営者が行うケースもあります。その場合はブランドの整合性が保たれやすく、より早く浸透させられるでしょう。

権限を持っていない人がブランドマネージャーを務めると、部門間の理解を得られにくくうまくいかないケースがあります。また、経営者が行う場合は、間違った判断をしても誰も口を挟めなかったり、デザインの基本知識がないために、デザインのガイドラインを無視して判断してしまう恐れもあります。

これらのトラブルを防ぐためには、ブランディングを行いやすい環境を作ることが必要です（第3章参照）。

②マネジメントを3つの視点でチェックする

●ブランド体系は正しいか、相乗効果を出せているか

ある企業が複数のブランドを持つ場合、各ブランドの役割やブランド間の関係のことを「ブランド体系」（第4章2参照）といい、互いに相乗効果が生まれる状態を目指します。初期にバランス良く設定していても、**「効果が表れているか」「効果を打ち消し合っていないか」**などを管理し、必要があれば軌道修正します。

●デザインは守られているか

ブランディングに関わる人数や媒体数が増えることや、ブランドを理解していない担当者が関与することにより、VIへの解釈や判断は様々となり、築き上げてきた「ブランドらしいデザイン」は損なわれることになります。ブランドマネージャーは社員に**ブランドへの理解を促し、VIを守る活動**を行っていきます。

●社内外の声を聞く

ブランドの対象である人々からの声を聞きます。企業ブランドの場合は、社員に「経営理念の認知」「自社ブランドのイメージ」「ブランド施策や広報に対する認知・理解・評価」「働きやすさなどの満足度」などについて聞きます。

商品・サービスブランドの場合は、顧客に向けて「ブランドに対する認知」「ブランドの印象」「ブランド品質への満足度」「ブランドへの愛着やこだわり」「ブランドの利用率」「他者へ推薦する気持ち」などを聞きます。

それらを参考にして**現状の浸透度や、最初に設定した「ありたい姿」に近づけているかどうかを見て、問題や改善点を導き出しましょう。**

8 リブランディングでブランドを再構築し、進化させる

リブランディングとは、先述したように**「既存のブランドを時代や顧客に合わせて見直し、再構築すること」**です。ブランディングに「再び」を表す接頭辞の「Re-」を付加した言葉です。

リブランディングする理由は、ブランドが「時流に合わない」「ビジネスと連動しない」、つまり「利益を生み出せなくなった」ことにあります。ブランドが機能しなくなった原因

を理解していなければ、問題が解決するはずはありません。「何となく低迷しているから、いっそ丸ごと作り直そう」と安易に行っては、時間と費用が無駄になるだけです。

まずは「購入者数の減少」「購入単価の下落」「購入頻度の減少」など問題を特定し、その結果、変えるべきは「ターゲット」なのか「ブランドが持つ価値」なのか「チャネル」なのかなどを検討します。どこを強化すべきか、何を残して何を切り落とすかについて考えていく必要があります。

世間で「20世紀のマーケティング史上最大の失敗事例」と評されることもある、コカ・コーラのリブランディングについてご紹介します。

1985年4月23日、ザ コカ・コーラ カンパニーは世界中で親しまれてきた「コカ・コーラ」の味を変更し「ニュー・コーク」と改名しました。

変更に至った問題点は、「コカ・コーラブランドのシェアを競合相手に奪われ続けている」「コーラ飲料全般の人気が低迷している」「消費者のコカ・コーラに対する支持率や認知度が低下している」などです。

リブランディングの目的としては、「コカ・コーラの味を変更することでブランドイメージを刷新」し、「コーラ飲料市場に活気を取り戻す」ことでした。味やネーミングだけではなくロゴや缶のデザインも一新されました。

味の変更は、事前に20万人ほどの消費者を対象にした試飲の結果に基づいていたにもかかわらず、消費者の猛反発を受けます。小売店では従来製品の買い占めが起き、1985年6月には1日1500件のクレームが殺到したそうです。

米国中に広まった抗議行動を受けて、ザ コカ・コーラ カンパニーは、変更の発表からわずか79日後に元の「コカ・コーラ」を再導入しました。

（日本コカ・コーラ株式会社ホームページより https://www.cocacola.co.jp/stories/newcoke）

この一件は、リブランディングに至る前の問題の特定を見誤った失敗例として取り上げられることもあります。ペプシ社を意識するがあまりに、多くのファンの想いを考えずに「味覚を変える」という過ちを犯してしまったという声も聞きます。

私は一概に失敗とは言い切れないと考えています。この出来事で消費者が離れてしまったらそう判断せざるを得ないかもしれませんが、コカ・コーラは違いました。味を元に戻したことで、熱狂的なファンから感謝の電話を受けることになるのです。

この一連の騒動の結果、人々は、なくなって初めて古き良き時代を共に歩んだブランド、コカ・コーラへの愛を思い出し、コカ・コーラが人生において大きな存在であることに気づくことになりました。

これを機にコカ・コーラの人気は史上かつてないほどに高まり、その愛情は今もなお続いているのです。今まで築き上げてきた企業のブランドへの愛と努力、そして、それを受け止め続けた消費者との絆が、確認し合えた出来事のようにも思います。

一方、まだ十分に育てられていない中小企業のリブランディングでは、コカ・コーラと同じようなことを行うのは致命的です。

リブランディングを行う前に、現状をしっかり把握した上で問題を特定し、ターゲットへのヒアリングなどを行い気持ちを配慮しながら正しく進化させるべきです。どのような時代や環境になっても動じることのない強い組織を築きましょう。ブランディングに終わりはありません。

価値が伝わり、売上が上昇する

VIを行い「会社のありたい姿」と「私たちらしさ」を様々な形に変換したことで、社内の様子が変わってきます。今までも高いモチベーションで共に改革を行ってきましたが、自分たちの想いが具現化したことで、「一体感」や「より強い意思」が生まれたように思えました。

いわゆる下積みの期間で構築してきた私たちの価値や想いを、誰かにお伝えしたくてたまりません。私たちの営業は「仕事を取ってお金に変換し、売上を上げる」ということではなく、「会社の価値を必要としてくれそうな人に正しく伝え、誠心誠意尽くす」というニュアンスのほうが強くなりました。

以前は「営業」という活動に抵抗感のあった社員が、その頃には誰よりも積極的に取り組んでくれるようになっていました。新しい名刺や会社案内などは、社員みんなのお気に入りとなり、持つことに誇りさえ感じてくれていたのです。

弊社にはそもそもコネクションもありませんし、世間的には認知度も低く、新しいホームページを立ち上げただけで顧客がどんどん集まる訳ではありませ

My Story

ん。だから、さらに努力は続きます。今までに効果の薄かった営業手法はすぐにやめ、新たな方法を模索しました。

そのひとつとして、東京ビッグサイトで行われる「クリエイターEXPO」という商談会へも参加しました。クリエイティブ系での商談会は当時珍しく、あまりデザイン事務所が参加するものではありませんでしたが、顧客との新しい出会いがあるのではないかと調べました。

私はその情報を入手し、また大阪本社に出向いて、参加したい旨をその理由や期待できる効果と共に話しました。参加費は2ブースを借りることで10万円。予算はかかりますが、そのくらいは何とか後に取り戻せるだろうと思い、本社で説明していると、創業者は「よし、やれ！」と即答。

そして、「１００万円か、何とかなるやろ」と言われて、ぎょっとしました。私は一桁見間違えていたのです。１００万円と分かって、提案した私が逆に躊《ちゅう》躇《ちょ》しました。しかし創業者はそんな私を見ながら、「何とかなる」と断言してくれたのです。

弊社では当時、３日間の営業に１００万円も使うのはとても勇気がいることでした。しかも、ブースの内装費などを合わせると１８０万円ほどかかります。

もう後には引けない。内装に予算を抑えたいところですが、妥協していてはせっかくの場も台無しになります。

思い切って、壁の色もレンタルする椅子も机も絨毯《じゅうたん》も、私たちらしさが体現できるものを選び、看板や展示物も細部までとことんこだわってデザインしました。日々の案件を止めることなく、3日間を4名でローテーションして回しました。

その結果、今までの顧客とは異なる弊社の企画力やセンス、クリエイティブ力に魅力を感じてくれた方が立ち寄ってくださり、アポイントをいただき複数の取引を成立させることができたのです。最終的には、参加コストの4倍以上の売上につながる案件を請け負うことに成功しました。

後から聞いた話ですが、創業者はこの商談会が成功するとは思っていなかったものの、私たちのチャレンジ精神を買って承認してくれたのでした。創業者の器量の大きさに、私は感謝しました。

そして私がそうしてもらったように、今では私も社員に対して、話しやすく提案しやすい環境や、社員への正しい評価と感謝の気持ちを忘れずにいようと心がけています。

My Story

こういった営業活動に全力で励むうち、数年前には考えられなかったような企画提案の案件や直取引のクライアントを得られ、顧客自体も仕事内容も変わっていき、独自の価値が構築されていく手応えがありました。

社員みんなの努力があって、顧客が顧客を呼び、経営改革を行った年から3年後には売上が210％に、さらにその3年後には、308％に上がりました。私が入社した当時の顧客は11社程度でしたが、6年後にはのべ109社となりました。

少しずつ売上が上がるのを実感して次に行ったのは、また自社を振り返ることでした。このような結果が生まれたのは社員みんなの努力の賜物《たまもの》。半年の売上目標を達成した際には、売上の伸び率と半年ごとに設定する個々の目標達成度により、インセンティブとして報酬を渡す制度を導入しました。

その内容は、個々の成績や実力向上だけではなく、チーム力や企業ブランドの体現、人への気遣いなども含まれています。

まだまだわずかではありますが、日頃の「ありがとう」という言葉だけではなく、感謝の気持ちを社員みんなに還元していけたら、という想いがそこにあります。

デザインはこれからの時代に立ち向かう力

すべてはやはり人のために

私が小学生だった1980年代のある日、自宅でテレビアニメを観ていました。歴史や未来の科学について描かれた教育番組です。その中に、「未来はこんな風に変わるんだよ」といったシーンがありました。

そこでは主人公の小学生がパソコンを前にして、インターネットらしきものを紹介しています。近い将来「海外旅行に行かなくても、パソコンで世界の様子が観られる」「学校に行けない子どもたちが、パソコンの中の先生から勉強を教えてもらえる」「お店に行かなくても買い物ができる」。そんな、夢のようなシーンが描かれていました。

その映像を観て、子どもながらに私は「そんなことがあり得るの？」と半信半疑だったことを記憶しています。あれからわずか十数年で、そんなことは当たり前の世の中になりました。

他にも時代の変化といえば、昔はなかったけれど今はあるもの、それによって変わったライフスタイルや価値観などがあります。皆さまはお心当たりはありませんか？

私の学生時代、スマホはありませんでしたので、友人との待ち合わせは今に比べて大変でした。待ち合わせ時間に間に合わない場合でも、移動中に連絡する手段もありませんし、待ち合わせ時間や場所を間違ってしまい会えずじまい、なんてこともよくありました。

調べ物をしたいときには、本屋さんに立ち寄って本を買うのが当たり前ですし、それ以上の情報は図書館などに行かなくては手に入りません。商品やサービスの情報は企業が流すテレビCMや広告でしか知り得ませんし、その評判は身近な人からしか聞くことはありませんでした。

人とのコミュニケーションでは、家族や学校の友人、仕事関係の仲間など近い距離にいる限られた人たちのみです。それらもわずかな期間でことごとく変わっていきました。

私たちを取り巻く社会は大きく変化し続けています（225頁の図参照）。狩猟社会（Society 1.0）から農耕社会（Society 2.0）、工業社会（Society 3.0）から飛躍的な変化を経て、情報に大きな価値を置かれる現代の情報社会（Society 4.0）になりました。

情報社会では、インターネットがコンピュータ同士だけではなくテレビや冷蔵庫などモノに接続（IoT）され、集まった大量のデータ（ビッグデータ）が利用可能になり、人間の能力を超えて自ら学習する機械（人工知能やAI）が現れ、複雑な作業を自動化（ロボット）できるようになりました。

さらにその次の時代「超スマート社会（Society 5.0）」がもう目の前に訪れようとしています。日本政府は、超スマート社会を次のように定義づけています。


「狩猟社会」「農耕社会」「工業社会」「情報社会」に続く、新たな経済社会で
①サイバー空間（仮想空間）とフィジカル空間（現実空間）を高度に融合させることにより、
②地域、年齢、性別、言語等による格差なく、多様なニーズ、潜在的なニーズにきめ細かに対応したモノやサービスを提供することで経済的発展と社会的課題の解決を両立し、

図：変化する社会

Society 1.0 狩猟社会

Society 2.0 農耕社会

Society 3.0 工業社会

Society 4.0 情報社会

Society 5.0

超スマート社会

Society 1.0～4.0 に続く新たな経済社会

①サイバー空間（仮想空間）とフィジカル空間（現実空間）を高度に融合させることにより、

②地域、年齢、性別、言語等による格差なく、多様なニーズ、潜在的なニーズにきめ細かに対応したモノやサービスを提供することで経済的発展と社会的課題の解決を両立し、

③人々が快適で活力に満ちた質の高い生活を送ることのできる、人間中心の社会を実現する

クリエイティブで飛躍する企業経営「第4次産業革命クリエイティブ研究会」調査報告会／平成29年3月9日／経済産業省より抜粋

③人々が快適で活力に満ちた質の高い生活を送ることのできる、人間中心の社会を実現する

（クリエイティブで飛躍する企業経営「第４次産業革命クリエイティブ研究会」調査報告会／平成29年３月９日／経済産業省）＊カッコ内は著者追記

それは、情報社会での技術がいっそう高まり、これまでに実現不可能とされていた社会が実現することになり、劇的な変化を人々に与える可能性を秘めています。

想像を超える快適な生活への期待も高まる一方で、「技術が先行して人間らしさやその心は置き去りにはならないか」「人工知能やロボットに職を奪われるのではないか」「技術を作り出し、操ることができる人と、逆に技術に使われる人に分かれ、格差ができるのではないか」といった不安も残ります。

そのような不安が人々にあったとしても、恐らく技術の革新は止まらないでしょう。だとしたら、その変化に対応して、私たち自身が意識を変え、新しいスキルを身につけていかなくてはなりません。

そのひとつとして、本書で紹介した「デザイン」があります。そこには、これからの時代に立ち向かうためのスキルが備わっているのです。

- **人々と触れ合い、共感を深め「抱える悩みは何か」「幸せとは何か」と向き合い、解決へと導く力。**
- **人を中心に考えられたオリジナリティーあるクリエイティブに溢《あふ》れる発想力。**
- **「顧客や社員のために自社の価値をどう実らせるか」「豊かな社会を作るためにどう貢献するか」といった、人が幸せになるためのありたい姿を描き、それを実現していく力。**

それらはいくら優れたＡＩであっても真似することができません。さらに、人を中心とした考え方は、目的を見誤ることなく技術を正しく使いこなすことができます。

そうです、技術はあくまで手段であって、技術を磨くことが目的であってはならず、人々を幸福にすることこそが目的なのです。

デザインのスキルを持てば、あなたがリーダーシップをとってその目的を達成するために、多くの人々を巻き込みながら手を取り合い、新たな価値を創造することができるでしょう。

そしてそのための手段として新しい技術を受け入れ、大いに活用していくこともできるでしょう。さらに、時代の劇的な変化が起こり、不確実な状態が続いたとしても、恐れることや受け身になることなく堂々と立ち向かい、ありたい姿を追求し続けることができるのです。

デザインの力を活用した経営は、ある期間行えば完成、といったものではありません。それは会社が存在する限り、ずっと続ける必要があります。なぜなら会社は人格のある生き物だからです。

変わらない性質もあれば、環境や外部の影響により、変わることだってあります。社内にいるビジネスリーダーのあなたや社員の影響を受け、雰囲気が変わることもあります。特に、これからの変化する社会に大きな影響を受けるでしょう。調子が悪い日もあれば良い日もあり、年々成長が見られる場合もあればそうでないこともあります。

「人が中心」の「人」には、あなたの「会社」も含まれています。顧客や社員に対して行う配慮と同じように、会社の置かれている状態を読み解き、社員と共に愛情を持って大切に育てて共に価値を築き上げていきましょう。

デザイン経営への道⑥
未来に向けて

さらなる改革、終わりなき経営

私が入社して8年の月日が経った2019年10月。それまでに東京支社だけではなく、大阪本社の経営にも携わっていた私は、創業者から指名され社長に就任することになりました。それを決意する数カ月前には、自分に社長が務まるのかを自問自答していました。

今までも経営に携わってきたものの、どこかで「ここは創業者が創った会社である」ということが大前提としてあり、その創業者や社員にとって、より良い会社とはどうあるべきか、ということだけを考えてきました。

しかし、自分が社長となるとその考えは通用しません。そこで想像してみたのです。「立場が変われば意志も変わるのか。自分が社長だったら、会社をどのようにしたいのか。そもそも会社は誰のためにあるのか」と。

その答えは「社員のためにある」でした。もしも社長である自分のためだとしたら、社員は私の意思通りに動いてくれる手足ということになる。そんな心がつながっていない会社なら自分ひとりですればいい。

ここに集まってくれて、一緒に価値を築いてくれる社員のおかげで、以前も今も弊社は成り立っています。社員がここにいたいと思ってくれている限りは会社を守り続けるのが私の使命なのだ、と改めて認識しました。

社員がいきいきと働ける場所、ここにいる価値を見出せる環境、みんながいることに意義がある、そんな会社にするためには、私がもっと強い志を持ってこれからも経営をしていく必要がある。そのような考えに至り、社長就任を決意しました。その決意と同時に、私が描く理想の会社の姿を以下のようにみんなに伝えました。

会社はみんなのためにあり、「みんなが主役」でいられる場所であるべきです。それは、どんなにキャリアや年齢、性格が違っても、それぞれが個性を発揮して主役となり、自己主張し合うのではなく「お互いを尊重し合える」状態であることを指しています。

人生で多くの時間を過ごすこの場所で、仕事においても自身が主役であれば、人生はもっと輝き、自信を持って堂々といられるはず。広い視点で物事が見られて能力が発揮でき、自分にも他者にも心配りができる社員となれば、その姿

My Story

は顧客に必ず伝わり、それがこの会社の価値になります。

そのために必要な個々に合わせた教育は、私が責任を持って行います。そして、健康で健全な環境を私が作ります。それが経営者としてのあるべき姿だと思っています。

未来に実現させるそんな会社で、みんなの、顧客の、そして私たちの会社の価値を共創していきましょう。


そして私は社長に就任しました。これを機に弊社では2回目のリブランディングに取り組んでいます。

創業者が築いた歴史を背負って、守るべきものは守る、時代の変化や社員の心をしっかり見つめて、変えるべきものは変える。これに終わりはありません。会社がある限り、きっと繰り返していくことでしょう。いつも支えてくれた、私が尊敬する会社のみんなのために。

これが私が行っている、人を中心とするデザインの力を活用した経営です。

おわりに

最後までお読みいただき、まことにありがとうございました。

私が一通り原稿を書き上げたとき、世界はコロナ禍に巻き込まれていました。新型コロナウイルスの感染被害に遭われた方々に心よりお見舞い申し上げます。

また、感染拡大防止の最前線に立たれている医療関係者の皆さまをはじめ、人々の命や生活を守るためご尽力されている多くの皆さまに心から感謝申し上げます。

業種によっては休業を強いられ、事業をストップせざるを得ない状況になった企業もあったことでしょう。経営者として辛い決断を迫られた方もいらっしゃったことでしょう。それを想うと、経営者のひとりとして私も心が痛んでなりません。

今までの常識や経験だけでは解決できない困難に直面したときに、今回ご提案する「デザインを経営に生かす」という手法は、有効なスキルだと私は考えております。

少しでも皆さまのヒントとなり、社内一丸となって様々な困難に立ち向かい、乗り越えていっていただきたい。

そして混沌とした不透明なこれからの時代においても、社内外問わず力を合わせ、未来に向かって進んでいかれることを切に願っています。


本書は、たくさんの方々の支えや応援をいただいて出版することができました。

一から出版のノウハウを丹念にご教示くださった、ネクストサービス株式会社の松尾昭仁さま、大沢治子さま。

原稿づくりが初めての私に、最後まで根気よく編集や文章の書き方をご指導くださったコピーディレクターの伊藤素子さま。

私のイラストレーションの要望にしっかりと応えてくださった、イラストレーターの川添むつみさま。

たくさんの誌面修正に最後までご対応いただいたデザイナーの吉良久美さま。

照明や背景にこだわってポートレート撮影をしてくださったフォトグラファー、佐々木太一さま。

私に共感してくださったブックサポーターズの皆さま。

陰でずっと支え続けてくれた家族や株式会社コットンズのみんな。

そして、初めて出版する私に、最後まで真摯に向き合ってくださった合同フォレスト株式会社の山中洋二さま、山崎絵里子さま。


さらに、ここには書ききれないほど多くの皆さまの惜しみないご支援に、心から感謝いたします。

2020年9月

尾崎　美穂

拙著の考えにご賛同いただき、尾﨑美穂の活動を応援してくださる方々をブックサポーターズとしてご紹介させていただきます。

柴田 舞美様
（株式会社アルファ・デザイン／イラストレーター・デザイナー）

下平 あすか様（デザイナー）

杉田 大輔様（アートディレクター）

髙田 良介様
（Cotton's ／プロデューサー）

高橋 陽子様
（みのりデザイン合同会社）

高屋敷 哲雄様
（有限会社 TAKA オフィス／代表取締役）

多喜 淳様
（6c ／グラフィックデザイナー）

竹谷 力様
（SOTechnologies 株式会社／担当部長）

鱗粉 あす様（イラストレーター）

当流谷 勇輝様

常盤 クニオ様（イラストレーター）

トツカ ケイスケ様
（デザイナー・イラストレーター）

富安 里佳様（運命のコンシェルジュ）

友草 裕太様（トモクサデザイン／グラフィックデザイナー）

友成 明子様
（株式会社アルファ・デザイン）

豊田 由生様（Cotton's ／デザイナー）

中曽根 郁様

中野 千尋様（ハットワーク・コンサルティング／取締役）

長野 真実様

中村 優生様（コクヨ株式会社）

谷川 純一様
（グラフィックデザイナー）

西野 龍三様（住友林業ホームテック株式会社／係長）

西邑 由起子様（ディレクター・ライター）

浜崎 明弘様（18℃ design ／クリエイティブディレクター）

はまべ ろこ様（イラストレーター・雑貨デザイナー）

早川 美穂様
（Cotton's ／アートディレクター）

原田 良様

原田 紘子様

藤井 健太郎様

フジモト ミズキ様

まえだ みゆき様（アトリエ羽犬／代表）

松井 千佳子様

松岡 健様
（LiveArt 音楽教室／代表取締役）

松本 大地様（shortcut fanclub ／デザイナー・イラストレーター）

的場 正和様（Web ディレクター）

南 綾香様（DeNA）

宮坂 珠理様（株式会社 Youme）

宮本 司様
（株式会社 Star FACTORY ／代表取締役）

村上 昂星様
（Czymuu 合同会社／代表）

森元 美幸様

山岡 弘輝様（株式会社日宣／課長）

山口 浩子様（グラフィックデザイナー）

ミキ様（イラストレーター）

山本 郁也様
（株式会社デラシネ／代表取締役）

和田 幸代様（Cotton's ／総務・管理）

＊お名前、会社名、肩書は、ブックサポーターズへのご参加を表明していただいた2019年～2020年時点のものです。

＊五十音順

BOOK SUPPORTERS

赤石 麻美様

赤松 翔（もんざえもん）様
（サイボウズ株式会社／マーケティング・コミュニケーション担当）

秋山 楓様（Cotton's ／プロデューサー）

新井 弥生様（ウェブデザイナー）

Andy 様（Office io ／ COO・クリエイティブ ディレクター）

泉 はるか様（泉図案／イラストレーター）

池田 太樹様

石田 香澄様
（Studio Creche ／イラストレーター）

伊藤 素子様（コピーディレクター）

井上 舞様（公益財団法人 日本小動物医療センター／経営企画部長）

上田 加奈様
（Cotton's ／プロデューサー）

上野 和幸様
（株式会社進研アド／チーフプランナー）

宇野 真由子様（UNO photo works ／フォトグラファー）

栄野元 均様
（株式会社トクヤマデンタル／主席）

大島 祥様
（Cotton's ／執行役員・プロデューサー）

大島 信美様
（日本絵手紙協会公認講師）

大島 悠様（合同会社ほとりび／代表）

大塚 悦子様（Cotton's ／代表取締役）

大原 昌人様（株式会社ダニエルズアーク／代表取締役）

大八木 香様
（STRAYLIGHT total design）

岡田 澄雄様

岡林 佑樹様
（Cotton's ／プロデューサー）

乙幡 満男様（株式会社ブランドテーラー／代表取締役）

片桐 健太様
（日本一薬を売らない薬剤師）

金子 優様

亀田 憲様（中小企業診断士）

河治 花枝様

川添 むつみ様（Studio Snug ／イラストレーター）

菅 宏司様（かすがいジャパン株式会社／代表取締役）

Kuehling 恵美子様（Personal Assistant Munich & International ／代表）

工藤 正勝様（MR,BRAIN ／デザイナー・ディレクター）

窪田 てるみ様（イラストレーター）

黒坂 芽衣様（Cotton's ／執行役員・アートディレクター）

くわた ぽてと様（ヤオヤ／ズルい名刺専門デザイナー）

五藤 晴菜（haruna1221）様（デザイナー）

古藤 みちよ様
（cue's ／イラストレーター）

小林 ゆかり様（ニコデザイン／代表）

齊藤 路子様

斎藤 智秀様（IT 関連企業／役員）

齋藤 隆次様

坂本 浩様
（学校法人河合塾／英語科講師）

桜 マチ様
（web ライター・イラストレーター）

佐々木 太一様（フォトグラファー）

鹿爪 秀紀様（Cotton's ／会長）

しかの まさよ様
（Bambi design ／ Re: デザイナー）

参考文献

『ブランディングの基本』安原智樹、日本実業出版社、2014年

『ニューヨークのアートディレクターがいま、日本のビジネスリーダーに伝えたいこと』小山田育、渡邊デルーカ瞳、クロスメディア・パブリッシング、2019年

『21世紀のビジネスにデザイン思考が必要な理由』佐宗邦威、クロスメディア・パブリッシング、2015年

『実践 スタンフォード式 デザイン思考　世界一クリエイティブな問題解決』ジャスパー・ウ[著]、見崎大悟[監修]、インプレス、2019年

『デザインの次に来るもの　これからの商品は「意味」を考える』安西洋之／八重樫文、クロスメディア・パブリッシング、2017年

『世界を変えるSTEAM人材　シリコンバレー「デザイン思考」の核心(朝日新書)』ヤング吉原麻里子／木島里江、朝日新聞出版、2019年

『デザイン思考が世界を変える(ハヤカワ・ノンフィクション文庫)』ティム・ブラウン[著]、千葉敏生[訳]、早川書房、2014年

『MUJIが生まれる「思考」と「言葉」』株式会社良品計画、KADOKAWA、2018年

『スタンフォード・デザイン・ガイド　デザイン思考５つのステップ』スタンフォード大学／ハッソ・プラットナー・デザイン研究所[著]、一般社団法人デザイン思考研究所[編]、柏野尊徳／中村珠希[訳]、2012年
https://cdn2.hubspot.net/hubfs/6895581/5mode.pdf

『デザイン思考のポケット・ガイド』柏野尊徳[著]、沼井柚貴乃[編]、2012年
https://cdn2.hubspot.net/hubfs/6895581/pocket.pdf

尾崎 美穂

（おざき みほ）

デザイン経営コンサルタント
ブランディングディレクター
株式会社and D.consulting 代表取締役
株式会社コットンズ 取締役社長

京都精華大学美術学部日本画専攻卒業後、関西を拠点にフリーランスのデザイナーやイラストレーターとして活動。

2011年に上京後、デザイン事務所の株式会社コットンズにデザイナーとして入社。しかし、入社1年半後、数十年積み重なった赤字で閉鎖目前に。資金も人脈もない中、会社を立て直すべく経営に参画。

デザイナー特有の問題解決スキルや発想力を経営に生かし、3年で売上倍増させV字回復を叶える。その実績を買われ、2014年に取締役、2019年には取締役社長に就任。

同年、デザインの力を活用した経営手法を伝えるコンサルティング会社、株式会社and D.consulting を設立し、代表取締役に就任。

企業のブランディングや、デザイン・企画に携わる。プレゼンテーションによる成約率約90%。問題解決につなげる企画提案においても多くの実績を持つ。

株式会社and D.consulting
https://anddc.co.jp/

株式会社コットンズ
http://www.cottons.co.jp/

企 画 協 力　ネクストサービス株式会社　代表取締役　松尾　昭仁
編 集 協 力　伊藤　素子
装　　　幀　尾﨑　美穂
組　　　版　吉良　久美
図版・イラスト　川添　むつみ
プロフィール写真　佐々木　太一
校　　　正　小川　誠志

経営とデザインのかけ算
企業を進化させる「デザイン思考」と「ブランディング」

2020年11月2日　第1刷発行

著　者　尾﨑　美穂
発行者　山中　洋二
発　行　合同フォレスト株式会社
郵便番号 101-0051
東京都千代田区神田神保町 1-44
電話 03（3291）5200　FAX 03（3294）3509
振替 00170-4-324578
ホームページ　https://www.godo-forest.co.jp
発　売　合同出版株式会社
郵便番号 101-0051
東京都千代田区神田神保町 1-44
電話 03（3294）3506　FAX 03（3294）3509
印刷・製本　株式会社シナノ

ISBN 978-4-7726-6172-0　NDC336　188×130

合同フォレストSNS
合同フォレスト
ホームページ
facebook　Instagram　Twitter　YouTube